オーガニック素材で編む
一年中着られる赤ちゃんニット
michiyo
● 0〜24ヵ月

CONTENTS

1. シンプルなセレモニードレスのセット…2
2. かぎ針編みのセレモニードレスセット…3

思いを込めて編んだウエア、一度きりじゃなくてもっと楽しみたい…4

3. チルデンニット風の胴着…6
4. 5. かぎ針編みのおしゃれスタイ…7
6. ナチュラルストライプのおくるみ…8
7. ケーブル模様のスリーパー…9
8. ケーブル模様のおくるみコート…10
9. かのこ編みのロング胴着…12
10. 11. 12. かぎ針編みのブーティーとバレエシューズ…13
13. アラン模様のスクエアポンチョ…14
14. ストライプのフードつきポンチョ…15
15. 16. セーラーカラーのロンパース…16
17. 18. おしゃれエプロンとロンパース…18
19. 20. シンプルなハーフパンツ…20
21. 22. ケーブル模様＆チェック柄のレッグウォーマー…21
23. レーシーなおしゃれケープ…22
24. 25. 26. シンプルなキャップとキャスケット2種…23
27. 28. ポケットつきシンプルベスト…24
29. 30. ダブルボタンのチュニック風ベスト…26
31. 32. ドットレース模様のカーディガン…28
33. 34. ダブルボタンのニットジャケット…30

この本で使用した糸の一覧…32・33

● 素材協力会社 ●
ダイヤ毛糸株式会社
ハマナカ株式会社

＊参考サイズ　編むときの一応の目安として、参考にしてください。

呼び方	0ヵ月	3ヵ月	6ヵ月	12ヵ月	18ヵ月	24ヵ月
身長	50cm	60cm	70cm	75cm	80cm	90cm
体重	3kg	6kg	9kg	10kg	11kg	13kg

 この本に関する質問は、お電話またはwebで
書名● 一年中着られる赤ちゃんニット
本のコード● NV70557
担当● ニットお問い合わせ係
Tel● 03-3383-0637（平日13:00〜17:00）
Webサイト「日本ヴォーグ社手づくりタウン」
https://www.tezukuritown.com/

★本書に掲載の作品を、複製して販売（店頭、ネットオークション等）することは禁止されています。
手づくりを楽しむためにのみご利用ください。

● 0〜6ヵ月 ●

1.

シンプルなセレモニードレスのセット

ナチュラルホワイトに、
「生まれてきてくれてありがとう」の思いを込めて。
ママの"私らしさ"をカタチにしたら、
ベビーにやさしい着心地の
セレモニーウエアが編み上がりました。

糸：ダイヤモンド毛糸 ダイヤタスマニアンベビー
編み方：36ページ

● 0〜6ヵ月 ●

2.

かぎ針編みのセレモニードレスセット

クラシカルな雰囲気のドレスに
清楚な白いレースの衿をあしらって。
ベビーのお祝いの日にぴったりの愛らしいドレスセットは、
ロマンティック派のママに。

糸：並太オーガニックコットンA、ハマナカ ポーム《無垢綿》ベビー
編み方：43ページ

● 成長したら… ●

思いを込めて編んだウエア、
一度きりじゃなくてもっと楽しみたい…

ベビーのお祝い着に編んだドレスは、
しっかり歩けるようになった2〜3歳頃にロングコートとして再び着せてあげられます。
アシンメトリーな打ち合わせに並んだ小さなボタンが可愛いですね。

1のベビードレス

1.

2.

かぎ針編みドレスの衿元を飾ったレースは、
プチマフラーとして楽しめます。
可愛らしいレースは女の子ならみんな大好きなアイテムです。

2のつけ衿

● 3〜12ヵ月 ●

3.

チルデンニット風の胴着

ねんねの頃からなにかと重宝する定番胴着の衿元を、
チルデンセーター風にデザインしてみました。
ちょっぴり大人びた雰囲気が新鮮です。

糸：ハマナカ ポームコットンリネン、フラックスK
編み方：48ページ

● 3〜12ヵ月 ●

4.

5.

かぎ針編みのおしゃれスタイ

ちょっとしたお出かけに、
かぎ針編みで編んだお洒落でレーシーなスタイはいかが？
お顔周りに触れるアイテムだけど、
やさしい自然素材だから安心です。

糸：ダイヤモンド毛糸 ダイヤマフィン
編み方：50ページ

● 3ヵ月〜 ●

6.

ナチュラルストライプのおくるみ

ベビーを優しく包むおくるみだから、素材にもこだわりました。
周囲はレースの縁編みで可愛らしく。
ベビーカーでのお出かけやお昼寝のおともにと、
長いお付き合いになりそうです。

糸：並太ウールB
編み方：52ページ

● 6〜12ヵ月 ●

7.

ケーブル模様のスリーパー

寝返りができるようになったベビーは寝ている間も元気。
油断してお布団もかけずに寝ていたなんてことになっても
スリーパーを着ていれば安心です。
寝付いてから着せてあげられるようサイドはひもになってます。

糸：合太コットン
編み方：53ページ

● 6〜12ヵ月 ●

8.

ケーブル模様のおくるみコート

裾にフットマフがついたおくるみコート。
ベビーカーでのお散歩中に膝掛けが落ちてしまうこともなく、
ベビーもママも快適です。歩けるようになったらマフの部分を取り外し、
ケーブル模様のお洒落コートとしてもう一度楽しめます。

糸：並太コットンA
編み方：54ページ

● 成長したら… ●

● 6〜18ヵ月 ●

9.

かのこ編みのロング胴着

ちょっと寒いかな？と思う時にはなにかと便利な胴着だから、
いろんなコーディネイトが楽しめるシンプルなデザインがいいですね。
丈を長めに編んであるので1歳過ぎでもベストとして着られます。

糸：並太コットンB
編み方：58ページ

● 6・12ヵ月 ●

11. 12ヵ月

10. 6・12ヵ月

12. 12ヵ月

かぎ針編みのブーティーとバレエシューズ

ニットの柔らかいシューズは、あんよがまだのベビーにピッタリのアイテム。
歩けるようになったときに抵抗なく靴を履く練習にもなります。
何よりちっちゃな足に履かせるベビーシューズの可愛いこと！
いつまでも飾っておきたいくらいです。

糸：10＝ハマナカ ポームクロッシェ《草木染め》、並太オーガニックコットンB
11＝ハマナカ ポームベビーカラー、並太オーガニックコットンA
12＝並太コットンA
編み方：10＝60ページ　11＝61ページ　12＝61ページ

● 6〜12ヵ月 ●

13.

アラン模様のスクエアポンチョ

手を通さずにストンとかぶるだけのポンチョは、
お座りやよちよち歩きの頃などにとても便利。
前と後ろをまっすぐに編むだけのシンプルな型にアラン模様が印象的です。

糸：並太コットンA
編み方：62ページ

● 6〜18ヵ月 ●

14.

ストライプのフードつきポンチョ

ストライプの配色が大人っぽいお洒落なポンチョ。
元気に走り回るベビーのために、
裾の内側に付けたスナップをとめて袖のように
スッキリ着られるのがポイントです。

糸：ハマナカ フラックスK
編み方：64ページ

● 6ヵ月・18ヵ月 ●

16. 18ヵ月

15. 6ヵ月

セーラーカラーのロンパース

お腹もおしりもすっぽり包んでくれるハーフパンツのロンパース。
キュートなセーラーカラーに注目が集まりそう。
動きやすくて可愛らしくて、ママもベビーも大満足です。

糸：ハマナカ フラックスK
編み方：66ページ

● 6ヵ月 ●

17.

おしゃれエプロンとロンパース

さわやかな肌ざわりの綿糸で編んだロンパースは、
インナーに合わせるものしだいでオールシーズン大活躍。
ストライプのエプロンを重ね着して、
おませなレイヤードスタイルの完成です。

糸：ハマナカ ポーム《無垢綿》スーピマ、ポーム《彩土染め》、フラックスC
編み方：70ページ

18.

● 18ヵ月・6ヵ月 ●

19. 18ヵ月　　20. 6ヵ月

シンプルなハーフパンツ

動きやすくて履き心地満点。
何枚か色違いであると便利なニットパンツは、
いろんなトップスに合わせやすく、お洒落度をグッとアップしてくれます。
おしりのガーター編みと裾のリブがアクセントになって、後姿も可愛いね。

糸：並太コットンA
編み方：74ページ

● 18〜24ヵ月 ●

21.　22.

ケーブル模様＆チェック柄のレッグウォーマー

すっかり定番になったベビーのレッグウォーマー。
手軽に編めるから、ママのお手製で目立っちゃおう。
オムツ替えがしやすくて便利なねんねの頃から、
ハイハイ時のひざの保護、もちろん寒さ対策にも大活躍です。

糸：合太コットン
編み方：76ページ

● 12〜24ヵ月 ●

23.

レーシーなおしゃれケープ

ふんわりシルエットと華麗なレース模様。
かわいいピンクのケープは、女の子ならみんなうっとりしてしまう可愛さです。
おめかしする特別な日に、
お姫様気分をプレゼントしてあげてはいかが？

糸：合太コットン
編み方：78ページ

● 12ヵ月・24ヵ月の2サイズ表示 ●

24.

25.

26.

シンプルなキャップとキャスケット2種

日よけに防寒に、怪我防止に…。毎日のお出かけに帽子は欠かせないアイテム。
かぶりなれないと嫌がるベビーもいるけれど、可愛いね、
似合うねって言ってあげて帽子大好きっ子にしてしまいましょう。
ママのお手製ならきっと大丈夫。

糸：24＝ハマナカ ポームコットンリネン
25＝並太コットンB
26＝ダイヤモンド毛糸 ダイヤタスマニアンベビー
編み方：24＝79ページ　25＝80ページ　26＝82ページ

ポケットつきシンプルベスト

身頃と続けて編む縁のリブ編みがアクセントに。
何にでも合わせやすいシンプルなベストは何枚かあると着回しが効いて便利です。
兄弟姉妹でおそろいなんていうのも可愛いくて素敵。

糸：並太ウールA
編み方：83ページ

25

● 12ヵ月 ●

29.

ダブルボタンのチュニック風ベスト

少し丈が長めのチュニック風、ふんわりと可愛いシルエット。
女の子はこんなちょこっとした可愛さにウキウキしちゃうものですね。
ダブルの打ち合わせだからお腹も温か。

糸:合太ウール
編み方:86ページ

● 24ヵ月 ●

30.

● 12ヵ月 ●

31.

ドットレース模様のカーディガン

ちょこんとついた衿が可愛らしいカーディガンです。
ヨークで減目してふわっとさせたデザインに
水玉模様がさりげなくキュート。

糸：ハマナカ ポーム《彩土染め》
編み方：89ページ

24ヵ月

32.

● 12ヵ月 ●

33.

ダブルボタンのニットジャケット

長編みで編んだ肘あてをアクセントに、
シンプルだけど子供らしいジャケットに仕上げました。
前立てに並んだボタンも可愛く、ヨーロッパの子供服雑誌に出てきそうな色使いで
ちょっとおませな着こなしを楽しんで。

糸：並太ウールB
編み方：92ページ

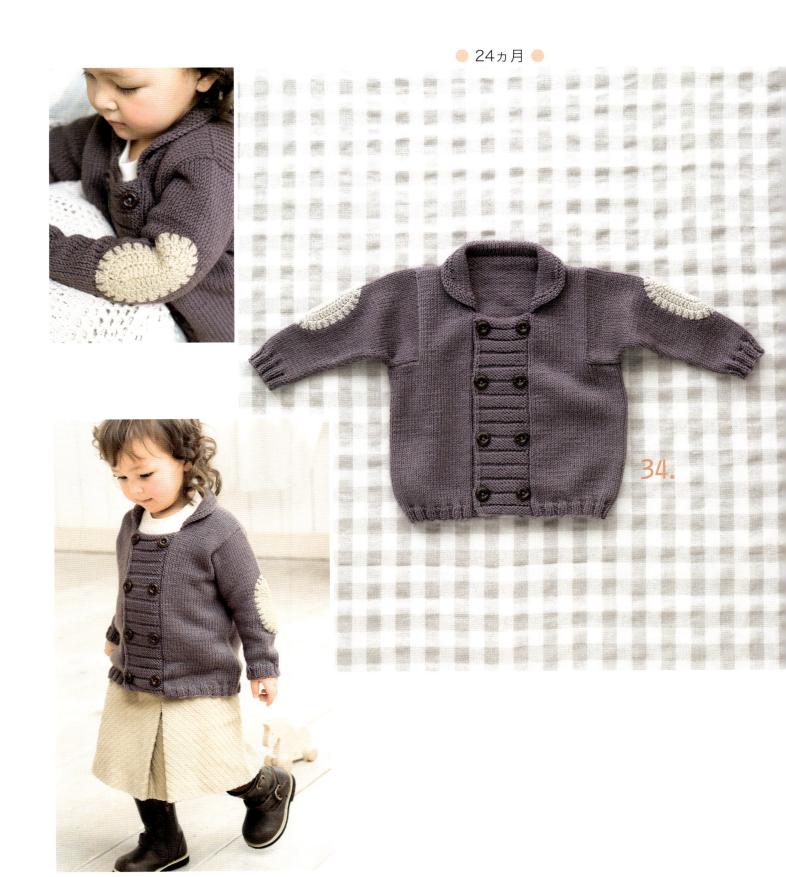

24ヵ月

34.

この本で使用した糸の一覧

写真は実物大

	糸 名	品 質	色 数	玉 巻	糸 長	糸のタイプ	針の号数	本体価格
a	ダイヤモンド毛糸 ダイヤタスマニアンベビー	ウール100% （タスマニアンメリノ）	7色	40g	約159m	合太	5〜6号 4/0〜5/0号	690円
b	ダイヤモンド毛糸 ダイヤマフィン	綿100%（アルパック加工）	8色	40g	約136m	合太	3〜5号 3/0〜4/0号	720円
c	合太ウール	ウール100%	―	50g	約165m	合太	4〜5号	―
d	並太ウールA	ウール100%	―	50g	約120m	並太	6〜8号	―
e	並太コットンA	綿100%	―	50g	約125m	並太	5〜6号	―
f	合太コットン	綿100%	―	25g	約82m	合太	3〜5号 4/0〜6/0号	―
g	並太コットンB	綿100%	―	25g	約64m	並太	4〜5号 4/0〜6/0号	―
h	並太ウールB	ウール100%	―	40g	約120m	並太	5〜6号 5/0号	―
i	ハマナカ ポーム《無垢綿》ベビー	綿100% （ピュアオーガニックコットン）	1色	25g	約70m	並太	5〜6号 5/0号	370円
j	ハマナカ ポーム《無垢綿》スーピマ	綿100% （ピュアオーガニックコットン）	1色	25g	約70m	並太	5〜6号 5/0号	390円
k	並太オーガニックコットンA	綿100% （ピュアオーガニックコットン）	―	25g	約70m	並太	5〜6号 5/0号	―
l	ハマナカ ポームコットンリネン	綿60%　リネン40% （綿・麻ともピュアオーガニック）	2色	25g	約66m	並太	5〜6号 5/0号	390円
m	ハマナカ ポームベビーカラー	綿100% （ピュアオーガニックコットン）	12色	25g	約70m	並太	5〜6号 5/0号	410円
n	ハマナカ ポーム《彩土染め》	綿100% （ピュアオーガニックコットン）	5色	25g	約70m	並太	5〜6号 5/0号	470円
o	ハマナカ ポームクロッシェ《草木染め》	綿100% （ピュアオーガニックコットン）	5色	25g	約107m	中細	3号 3/0号	470円
p	並太オーガニックコットンB	綿100% （ピュアオーガニックコットン）	―	25g	約73m	並太	5〜6号 5/0号	―
q	ハマナカ フラックスK	リネン78%　綿22%	17色	25g	約62m	並太	5〜6号 5/0号	390円
r	ハマナカ フラックスC	リネン82%　綿18%	17色	25g	約104m	中細	3/0号	390円

a b　ダイヤ毛糸株式会社
i j l m n o q r　ハマナカ株式会社

●糸のタイプはあくまでも目安としての表示です。
●表示価格は2019年10月1日現在のものです。
本体価格のため、別途消費税が加算されます。

●使用糸に関するお問い合わせは、
ダイヤ毛糸株式会社 http://www.diakeito.co.jp
〒531-0011 大阪市淀川区西中島5-8-3　新大阪サンアールビル北館7F　TEL 06-6307-2915
ハマナカ株式会社 http://hamanaka.co.jp
〒616-8585 京都市右京区花園藪ノ下町2-3　TEL 075-463-5151
〒103-0007 東京都中央区日本橋浜町1-11-10　TEL 03-3864-5151

編みはじめる前に知っておきたいこと（棒針編み）

● 棒針の持ち方

糸を左手の人差し指にかけて編む方法です。
初心者には、この方法をおすすめします。

左手（糸のかけ方）

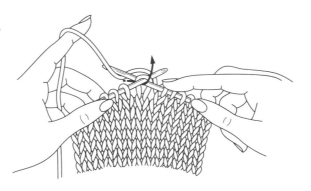
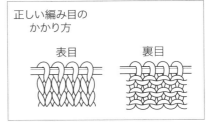

正しい編み目の
かかり方
表目　裏目

● 指でかける作り目

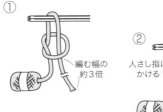
① 編む幅の約3倍

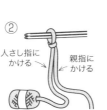
② 人さし指にかける　親指にかける

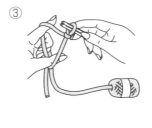
③

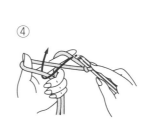
④

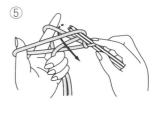
⑤

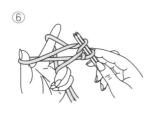
⑥

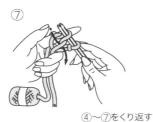
⑦
④～⑦をくり返す

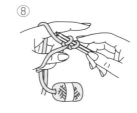
⑧

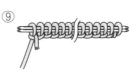
⑨

⑩
1段め（裏側）　抜き取った針
※作り目は1段と数えます。

● ゲージを合わせる

本のゲージ

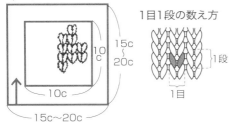

1目1段の数え方
1段
1目

30cmの幅を編むには何目必要か？35cmの丈にするには何段編めばいいか？その質問に答えてくれるのがゲージです。この場合だったら、30cm×ゲージの目数（10分の1）で必要目数、35cm×ゲージの段数（10分の1）で必要段数が分かります。本と同じゲージで編めば、本とほぼ同じ大きさのセーターが出来、本と違うゲージで編めば、本とは違う大きさのセーターができるという訳。ゲージを計るときは、本と同じ糸、同じ針、同じ編み方で15～20cm平方の編み地を作ります。軽くスチームをかけて目を落ち着かせ、10cmに何目・何段あるか計ります。

● 表目　|

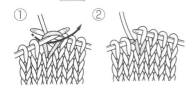
① ②

● 裏目　—

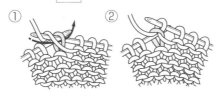
① ②

● かけ目　○

①
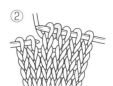
②

編みはじめる前に知っておきたいこと（かぎ針編み）

●かぎ針の持ち方

右手（針の持ち方）

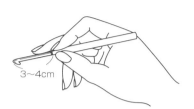

3〜4cm

親指と人さし指で軽く持ち、中指を添えます。

左手（糸のかけ方）

真ん中の2本の指の内側を通し、糸玉は外側に出します。

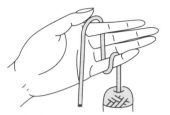

糸が細いときや、糸がすべりやすいときは、小指に1回巻きつけます。

ピンと張っておく

人さし指を立て、糸をピンと張ります。

●最初の目の作り方

①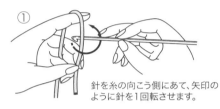

針を糸の向こう側にあて、矢印のように針を1回転させます。

②

③

親指で押さえる

④

糸を引き出す

⑤

引きしめる

⑥

最初の目のでき上がり。この目は作り目に含まれません。

●鎖編みの編み方

①

②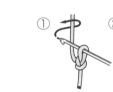

③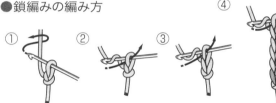

④

1目め

鎖が5目編めたところです。

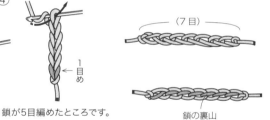

（7目）

鎖の裏山

☆棒針編みの基礎

- ●作り目を輪にするとき（p.74）
- ●右上交差、左上交差（p.40）
- ●表2目・裏1目の右上交差（p.54）
- ●表2目・裏1目の左上交差（p.88）
- ●左上2目交差（p.76）
- ●右上2目一度、左上2目一度（p.85）
- ●かけ目とねじり目の増し目（p.88）
- ●縞の糸の替え方（p.71）
- ●伏せ止め（メリヤス編み）（p.77）
- ●伏せ止め（裏メリヤス編み）（p.76）
- ●目のしぼり方（p.80）
- ●引き抜きはぎ、すくいとじ（p.84）

☆かぎ針編みの基礎

- ●わの作り目（p.47）
- ●作り目の拾い方（p.46）
- ●細編み目（p.45）
- ●中長編み目（p.52）
- ●長編み目（p.51）
- ●細編み2目一度（p.46）
- ●長編み3目の玉編み（p.50）
- ●鎖3目のピコット（p.79）
- ●引き抜き編み（p.69）
- ●二重鎖編み（p.47）
- ●巻きかがり（p.88）
- ●ボタンのつけ方（p.95）

1
page2
0〜6ヵ月

●用意するもの
糸…ダイヤモンド毛糸 ダイヤタスマニアンベビー（合太タイプ）アイボリー（307）[ドレス180g、ボンネット25g、ブーティ20g、ミトン15g]240g／6玉。
付属品…直径15mmのボタン5個、直径10mmの内ボタン1個。
針…棒針5号、かぎ針4/0号。
●でき上がり寸法
ドレス＝胸囲54cm、丈49cm、ゆき丈31.5cm、ボンネット＝顔回り32cm、深さ11.5cm、ブーティ・ミトン＝図参照。
●ゲージ
10cm平方で模様編みB27目×36段。
●編み方ポイント
ドレス　裾・袖口から指でかける作り目をして編み始め、脇・ラグラン線は減目をし、編み終わりは伏せ止めにします。前は左右対称に2枚、袖は同様に2枚編みます。うしろ・前・袖は図（p.41）のように配置し、すくいとじにします。

※まとめの解説は39ページ

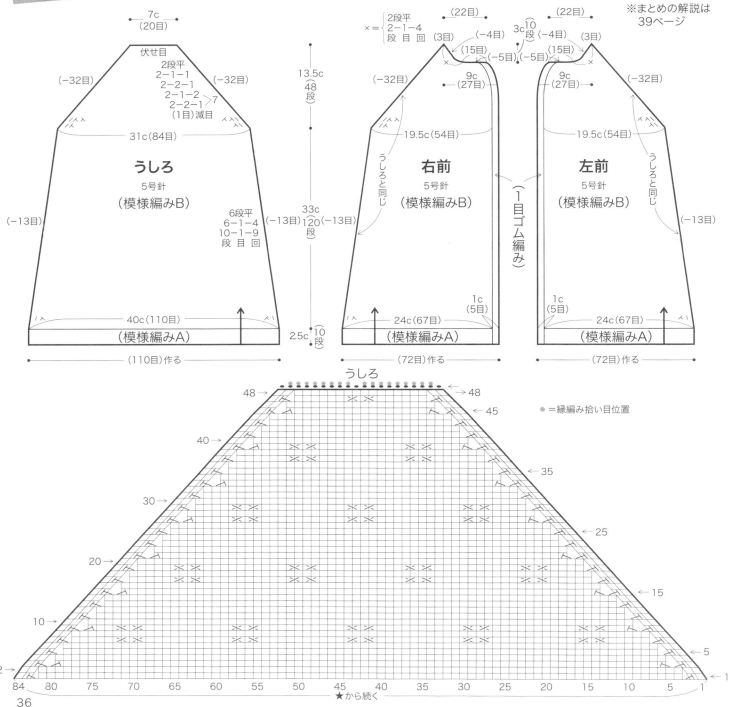

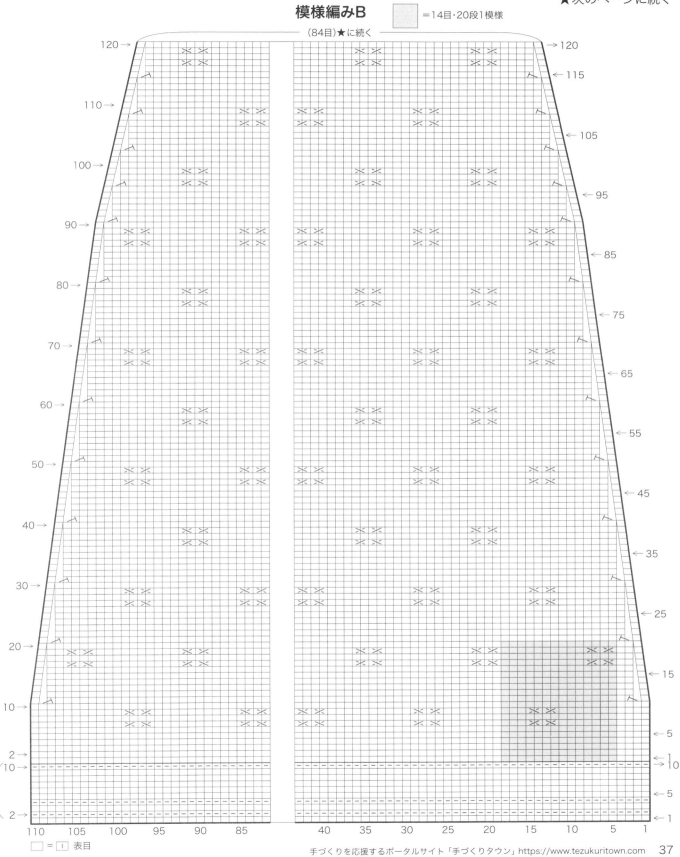

★前ページからの続き　　　　　　　　　　　　　　　　右前　　　　　　　　　　　　左前

(59目)▣に続く　　　　　　　　　　　　　(59目)◉に続く

糸を切る

□ = Ⅰ 表目

38

★次のページに続く

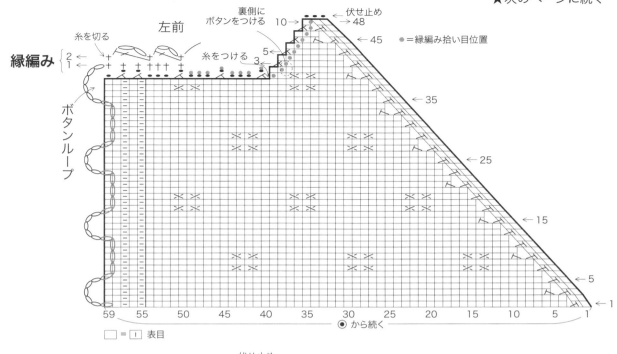

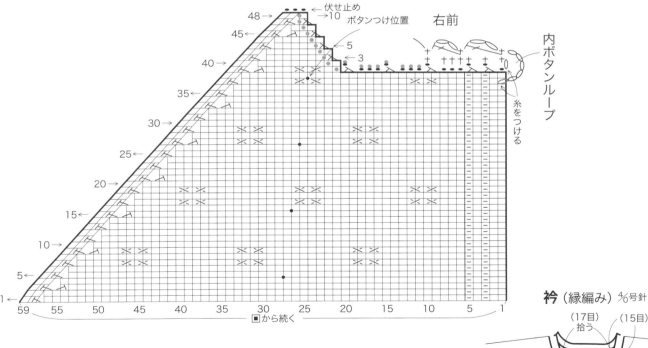

まとめ　各部分をとじ合わせましたら、衿ぐりの縁編みをします。右前の指定位置に糸をつけ、1段めは細編みで右前25目、右袖15目、うしろ17目、左袖15目、右前25目拾い、続けて左前立てのボタンホール5個作り、糸を切ります。2段めは新たに糸をつけ、内ボタンループを作ってから編みます。

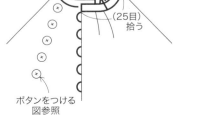

★前ページからの続き

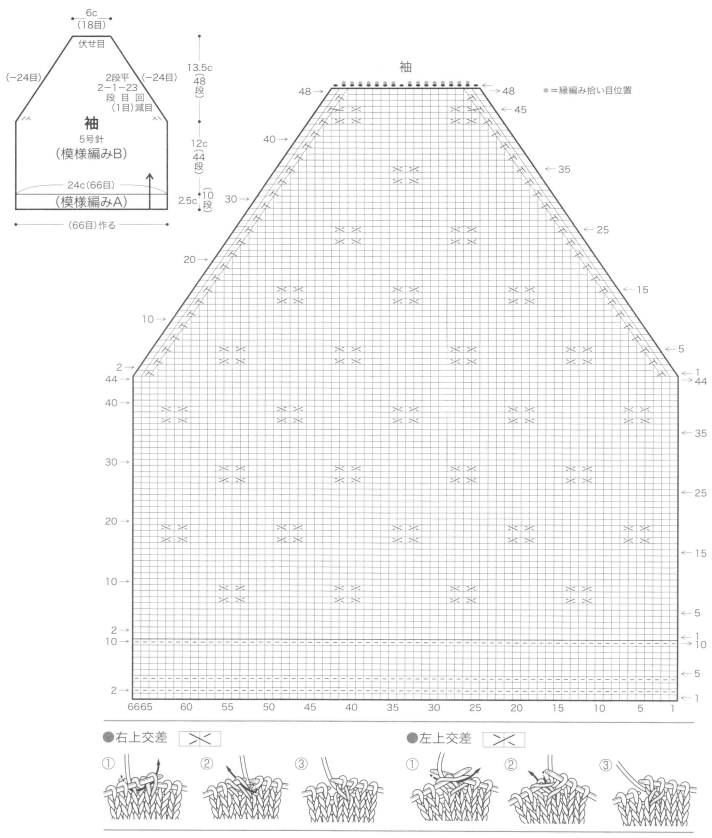

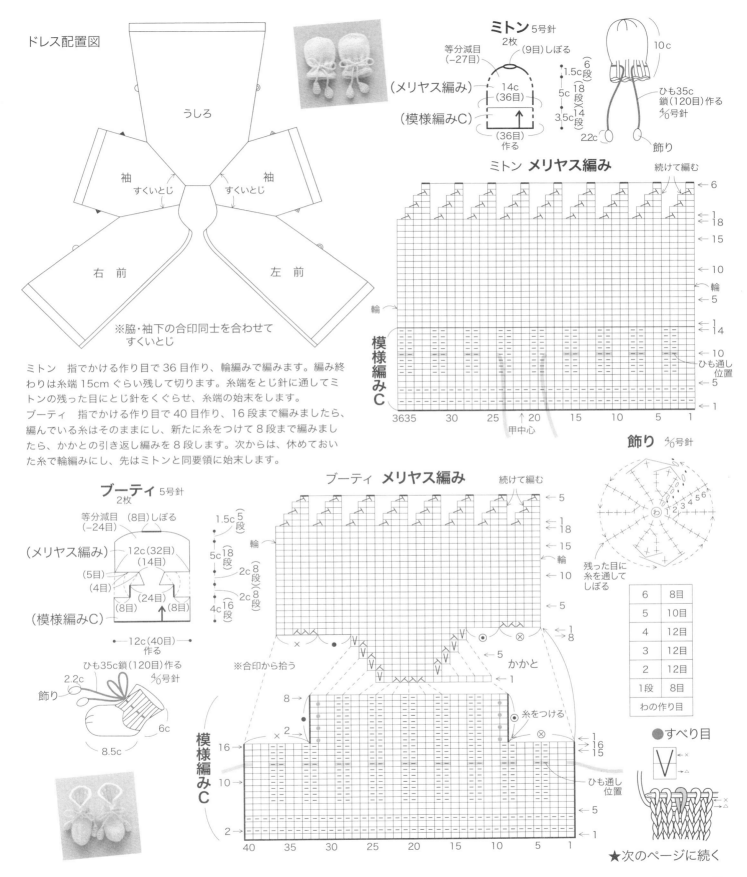

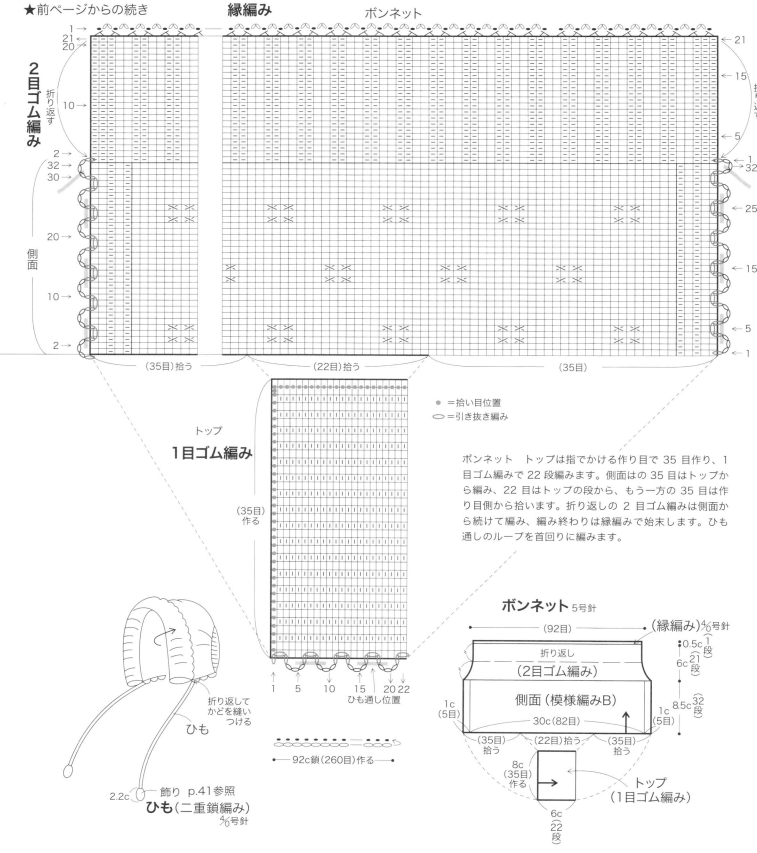

2
page3
0〜6ヵ月

●用意するもの
糸…並太オーガニックコットンA ベージュ [ドレス390g、ボンネット40g、ブーティ15g] 445g／18玉、ポーム《無垢綿》ベビー オフホワイト（11）[フリル・ブーティ各5g]10g／1玉。
付属品…直径20mmのボタン1個、直径10mmの内ボタン8個。
針…かぎ針6/0号。

●でき上がり寸法
ドレス＝胸囲60cm、背肩幅21cm、丈55cm、袖丈21.5cm、ボンネット＝頭回り44cm、深さ10cm、ブーティ＝図参照。

●ゲージ
10cm平方で模様編みA5模様×12段。

●編み方ポイント
前・うしろは続けて鎖351目作り、1段めは鎖の裏山を拾って細編みで編みます。2段めからは模様編みAで41段までまっすぐ編み、42段めで模様を変形し、3模様を2模様に減目します。次からは左右前端で減目し、8段編みましたら、続けて左前を編み、うしろ・右前は各々糸を新たにつけて編みます。袖は身頃と同要領の作り目をして編みます。 ※まとめの解説は44ページ

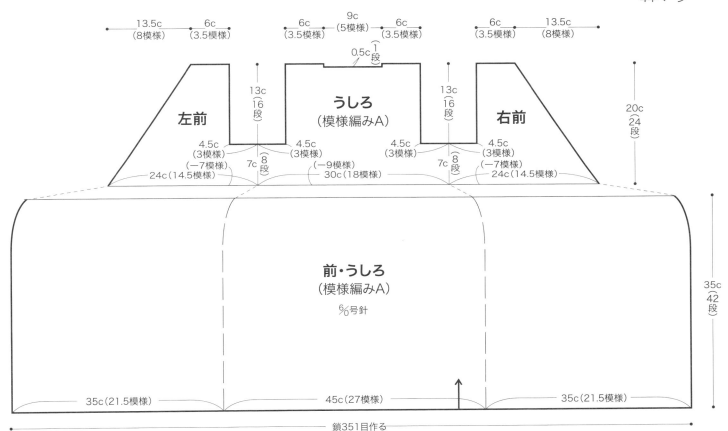

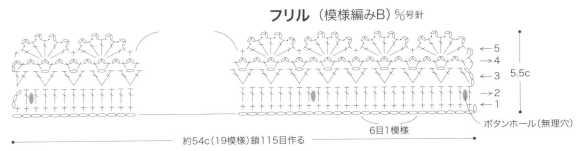

★次のページに続く

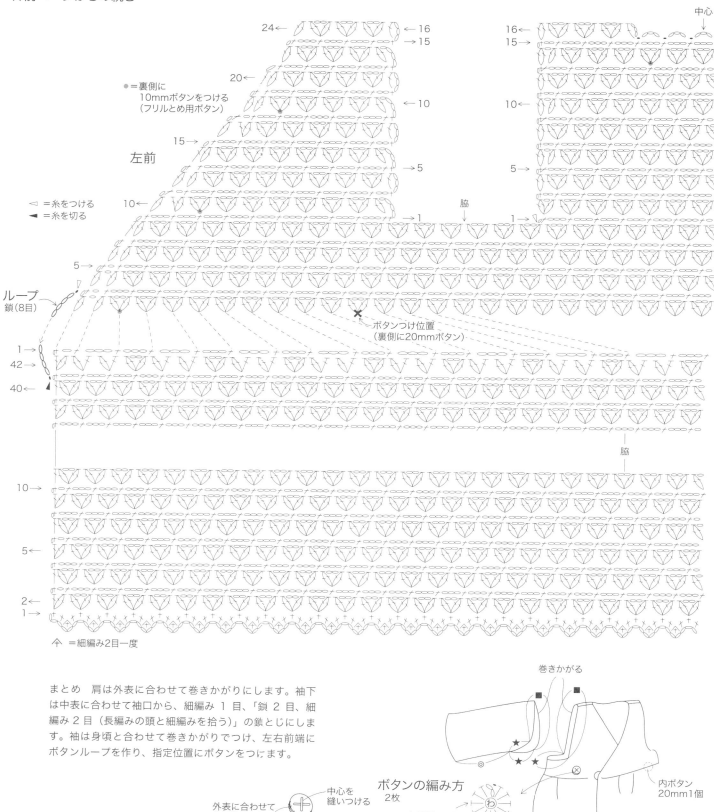

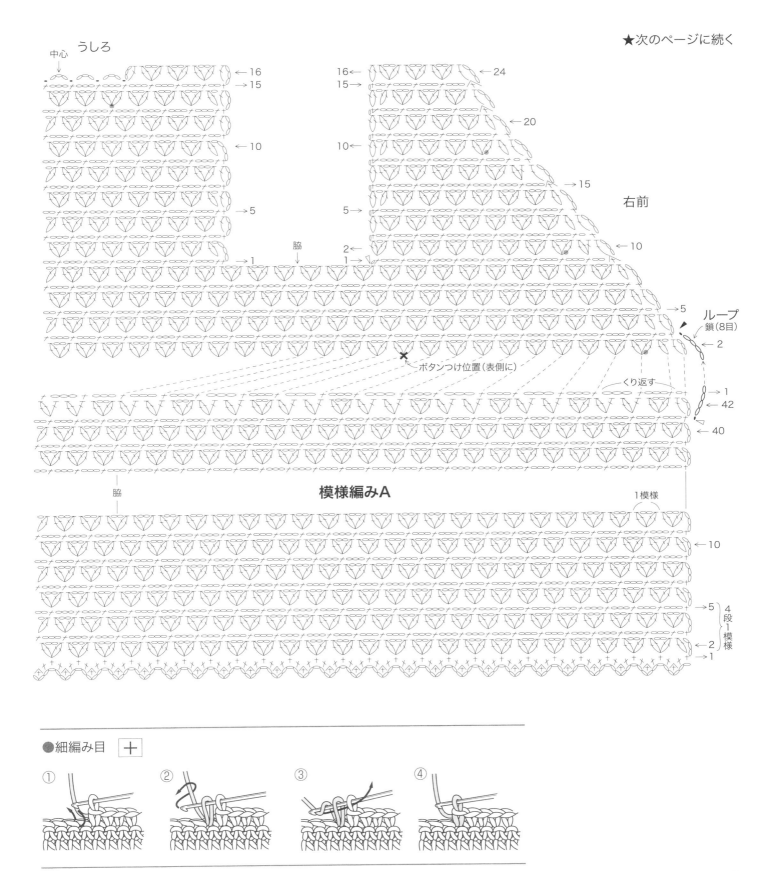

★前ページからの続き

袖

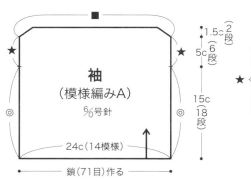

袖
(模様編みA)
5/0号針

24c(14模様)
鎖(71目)作る
1.5c(2段)
5c(6段)
15c(18段)

●細編み2目一度

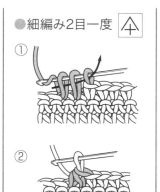

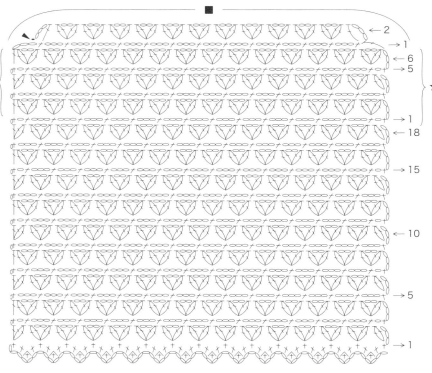

←2
→1
6
5
←1
←18
→15
←10
←5
→1

●作り目の拾い方

裏山1本を拾う

立ち上がりの1目(細編み)

半目と裏山を拾う

立ち上がりの1目(細編み)

ブーティ 5/0号針

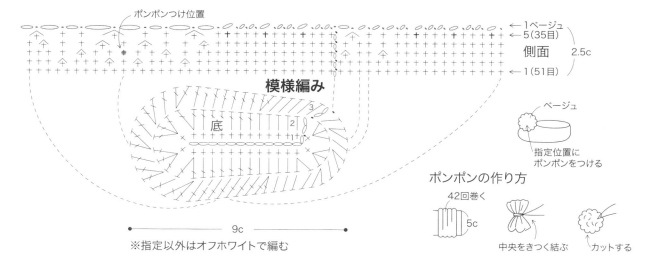

ポンポンつけ位置
←1ベージュ
←5(35目)
側面 2.5c
←1(51目)

模様編み
底

9c

※指定以外はオフホワイトで編む

ベージュ
指定位置にポンポンをつける

ポンポンの作り方
42回巻く
5c
中央をきつく結ぶ
カットする

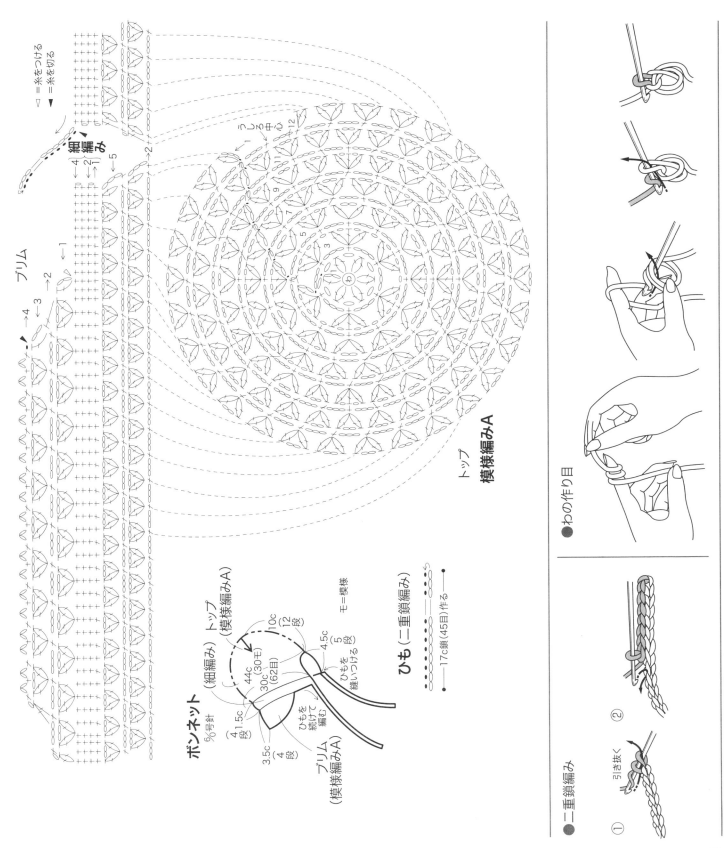

3
page6
3〜12ヵ月

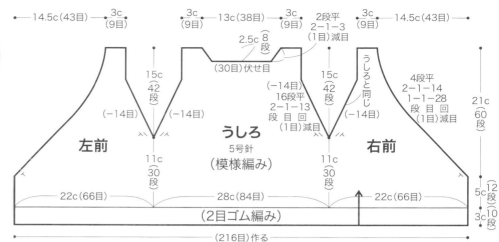

●用意するもの
糸…ハマナカ ポーム コットンリネン（並太タイプ）白（201）100g／4玉、フラックスK（並太タイプ）ネービーブルー（17）10g／1玉。
針…棒針5号、かぎ針5/0号。
●でき上がり寸法
胸囲56cm、背肩幅19cm、丈29cm。
●ゲージ
10cm平方で模様編み30目×28段。
●編み方ポイント
右前・うしろ・左前は続けて、裾から指でかける作り目をして編み始めます。模様編みで12段編みましたら、左右前端で減目していきます。18段まで編みましたら、糸の続きで右前を編み、うしろ・左前は各々新たに糸をつけて編みます。まとめ　肩は中表に合わせて引き抜きはぎにします。衿は衿ぐりから拾って編みます。袖ぐりは1目内側に引き抜き編みをして始末します。ひもは外側2本は二重鎖編み、内側2本は鎖編みにします。

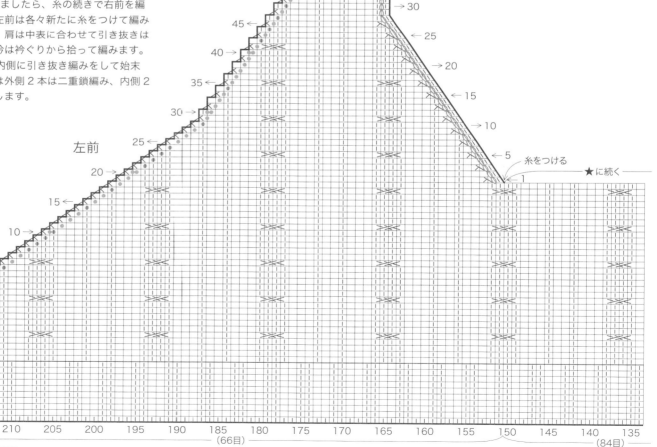

□ = ﹇-﹈ 裏目

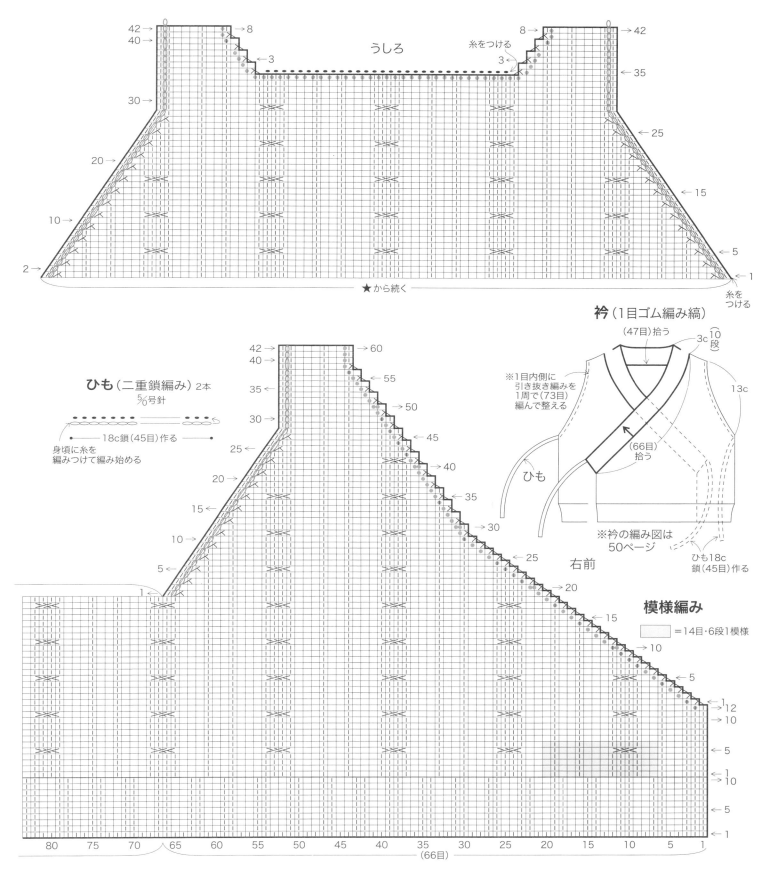

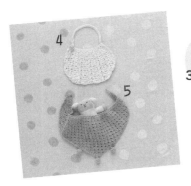

4,5 page7 3〜12ヵ月

●用意するもの
糸…ダイヤモンド毛糸 ダイヤマフィン（合太タイプ）4＝オフホワイト（6）15g／1玉、5＝ベージュ（10）25g／1玉。
付属品…4＝直径15mmのボタン1個
針…かぎ針4/0号。

●でき上がり寸法
図参照。

●編み方ポイント
4＝スタイ 鎖31目作り、鎖の裏山を拾って編み始めます。ひもは本体の作り目に糸をつけて鎖60目作り、ボタンループ分を続けて鎖10目編み、鎖の裏山を拾って細編み5目、鎖4目をくり返して細編みを42目編みます。ボタンを指定位置につけて仕上げます。

5＝スタイ 図を参照して右端42段まで増し目、43段から78段まで減目して編みます。左端2目は4段まで、長編み、細編みをくり返して編み、あとは毎段細編みで編みます。編み玉を作り、指定位置につけます。

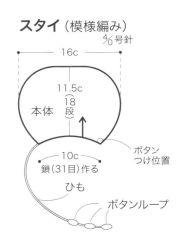

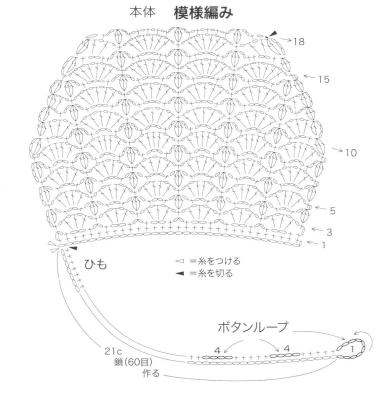

3 49ページからの続き

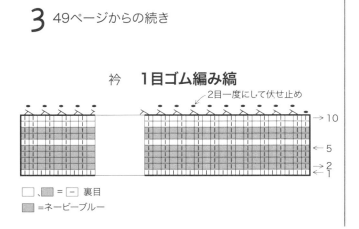

●長編み3目の玉編み

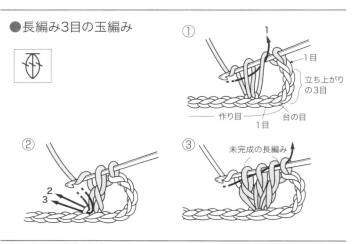

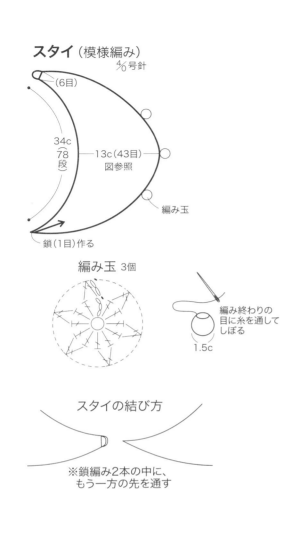
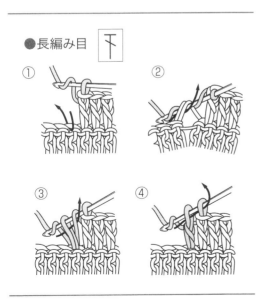
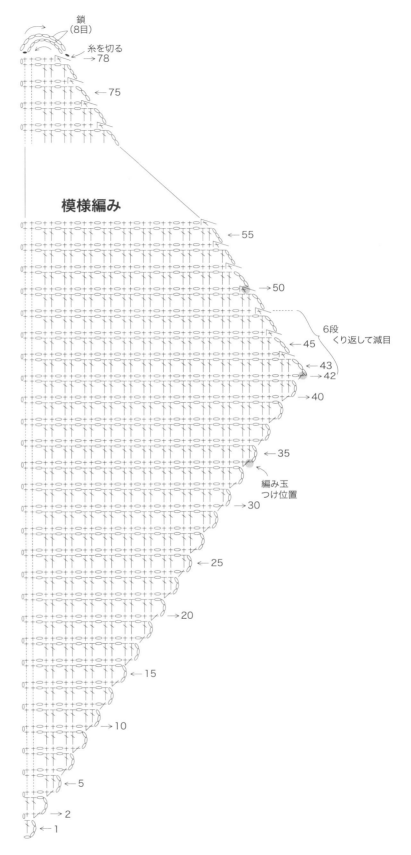

6
page8
3ヵ月～

●用意するもの
糸…並太ウール B オフホワイト 140g／4玉、ベージュ 120g／3玉、茶色 40g／1玉。
針…かぎ針 6/0号。

●でき上がり寸法
64cm×68cm。

●ゲージ
10cm平方で模様編み縞 22目×11段。

●編み方ポイント
ベージュで鎖145目作り、鎖2目で立ち上がり、鎖の裏山を拾って中長編みを145目編みます。立ち上がりの鎖2目は145目に入りません。1段めは最終目145目めの中長編みの目を引き出すとき、次の段のオフホワイトの糸を引き出します。2段めはオフホワイトで鎖2目の立ち上がりをし、1段めのベージュの糸を編みくるんでいきます。毎段同様にしてベージュとオフホワイトを交互に編みます。まとめ　編み地の周囲は茶色で引き抜き編みをし、引き抜き編みの外側の目を拾って縁編みを編みます。

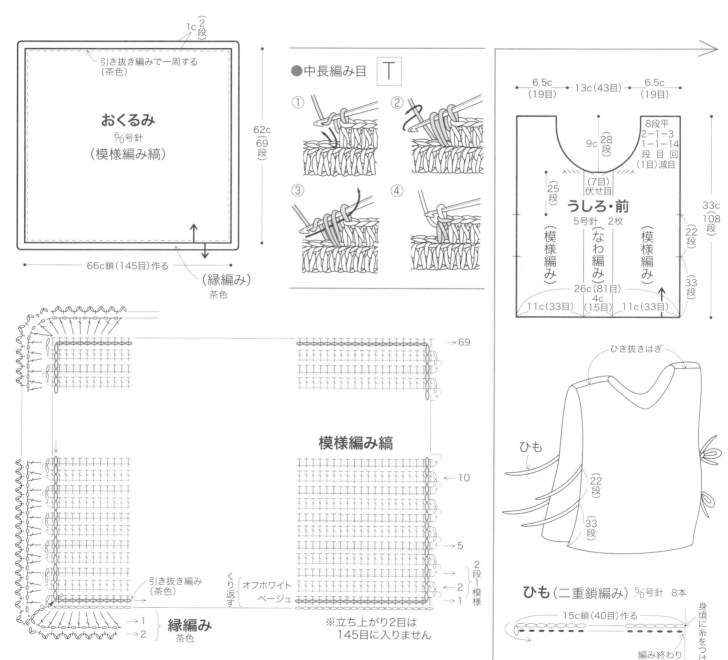

7
page9
6〜12ヵ月

●用意するもの
糸…合太コットン ミントグリーン 100g／4玉。
針…棒針5号、かぎ針5/0号。
●でき上がり寸法
胸囲52cm、背肩幅26cm、丈33cm。
●ゲージ
10cm平方で模様編み 30目×32段。
●編み方ポイント
裾から指でかける作り目をして編み始め、80段まではまっすぐ編み、ひもつけ位置には糸印をつけておきます。次からは糸の続きで右側を先に編み、肩は休み目にしておきます。もう一方は新たに糸をつけ、中央7目を伏せ目し、続けて左側を編みます。まとめ　うしろ・前は同様に編み、2枚の肩を中表に合わせ、引き抜きはぎにします。ひもは指定位置に糸をつけて編みます。

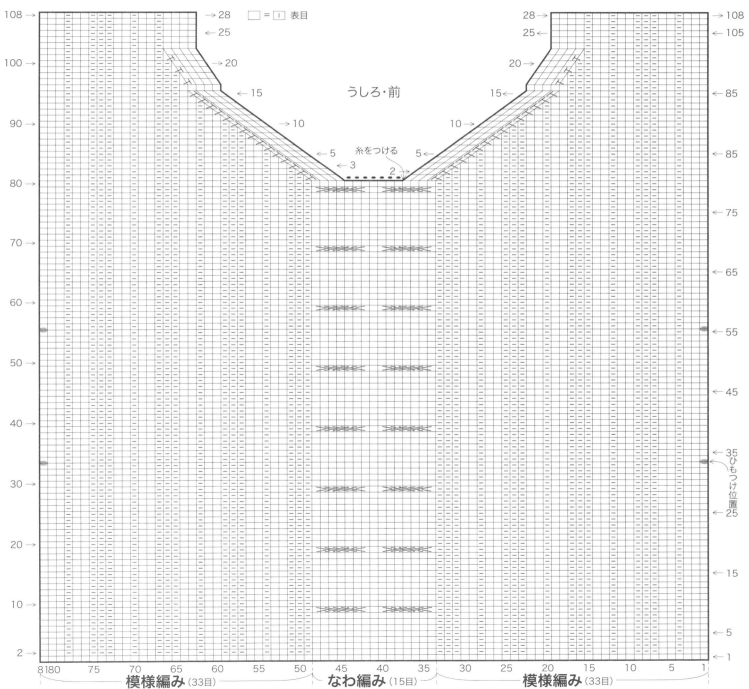

8 page10 6〜12ヵ月

●用意するもの
糸…並太コットンA クリーム色 300g／6玉。
付属品…幅20mmのトグルボタン6個、直径11.5mmのボタン6個。
針…棒針5号、かぎ針5/0号。

●でき上がり寸法
胸囲66cm、背肩幅22cm、丈45cm、袖丈24cm。

●ゲージ
10cm平方でメリヤス編み22目×30段、模様編みB22目×32.5段。

●編み方ポイント

うしろ・前は裾から指でかける作り目をして編み始めます。袖ぐりは交互に伏せ目をし、肩は休み目にします。前は左右対称に2枚編みます。まとめ　肩は引き抜きはぎにし、フード・袖は身頃から拾って編みます。フードの編み終わりは中央から2本の棒針に分け、中表に合わせて引き抜きはぎにし、脇・袖下はすくいとじにし、脇にひもをつけ、裾の指定位置にボタンを6個つけます。カバー　同要領の作り目でまっすぐ編み、編み終わりは引き抜き止めをしながらボタンループを作り、ひもをつけます。

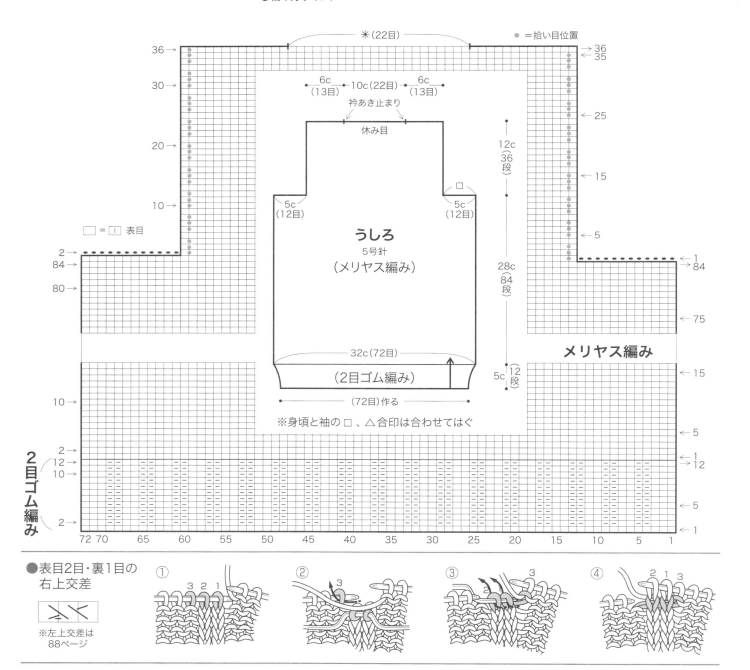

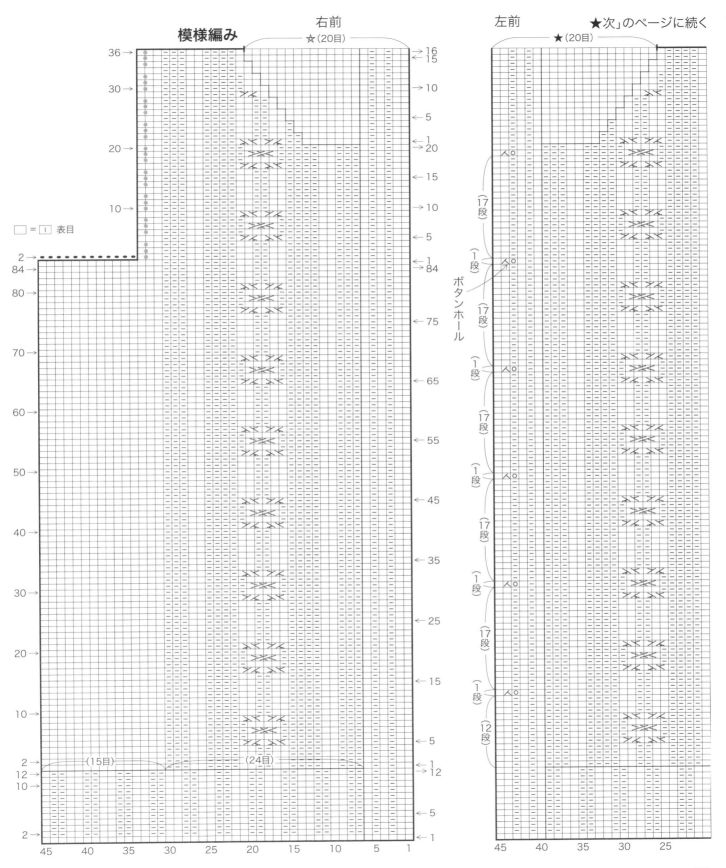

★前ページからの続き

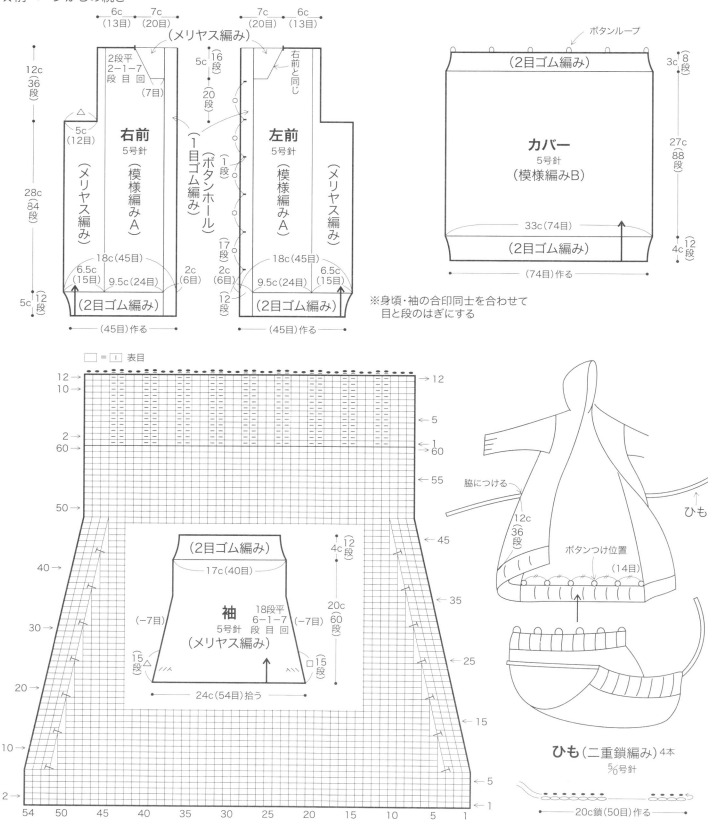

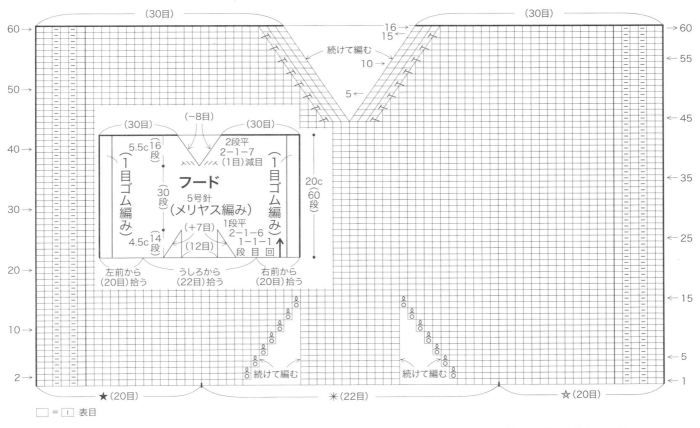
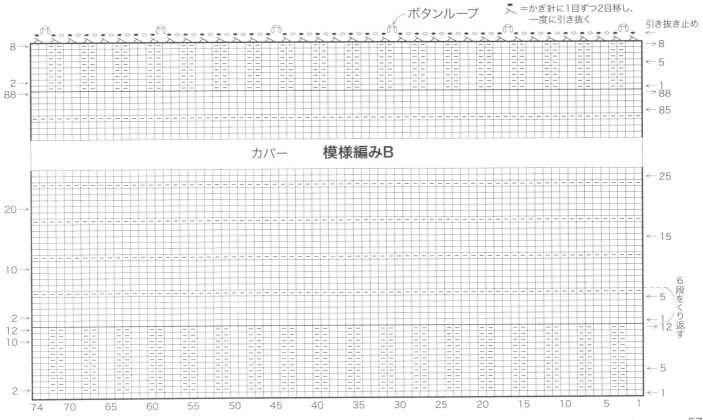

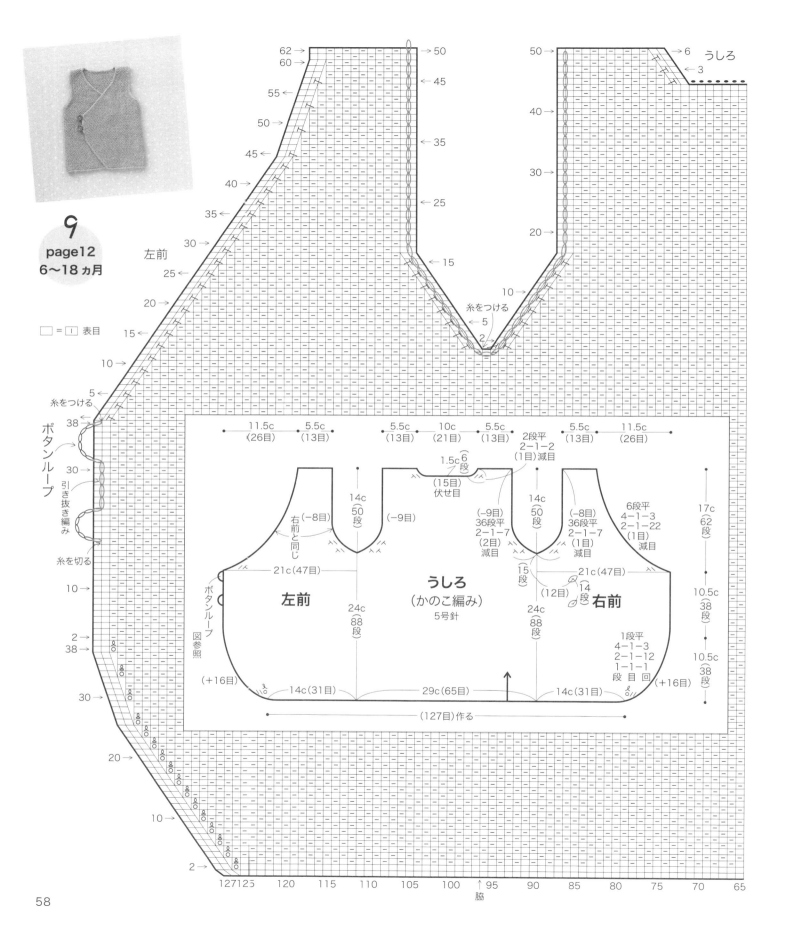

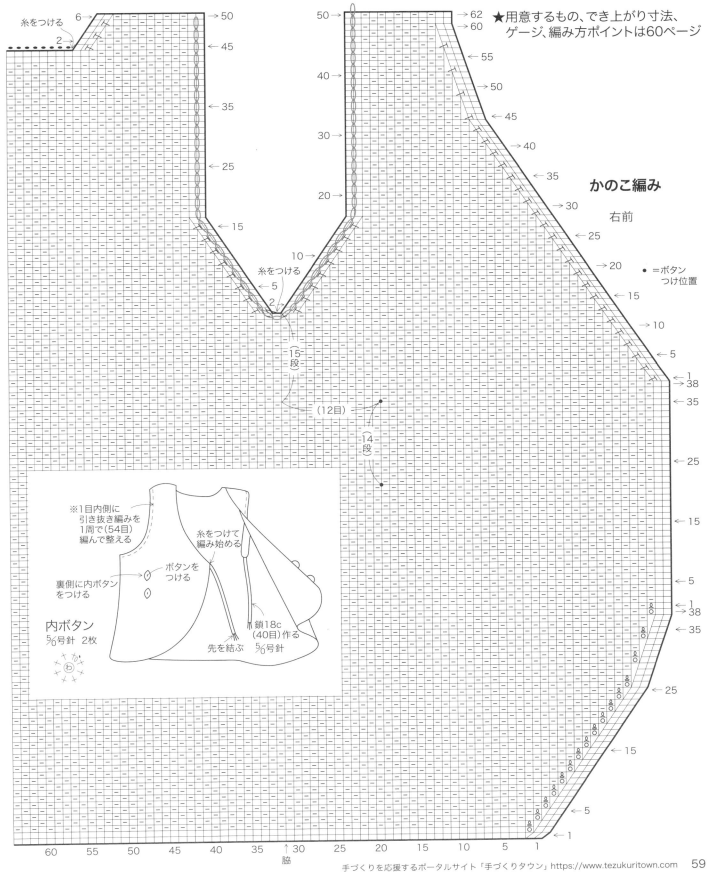

10 page13 6・12ヵ月

●用意するもの
糸…ハマナカ 6ヵ月＝ポーム クロッシェ《草木染め》（中細タイプ）テラコッタ色（73）20g／1玉、12ヵ月＝並太オーガニックコットンB ココア色 30g／2玉。
付属品…6ヵ月＝直径15mmのボタン2個、12ヵ月＝直径18mmのボタン2個。
針…かぎ針4/0号、5/0号。
●でき上がり寸法
図参照
●編み方ポイント
6ヵ月と12ヵ月は糸の太さをかえて同様に編みます。底で鎖15目作り、鎖の半目と裏山を拾って編みます。反対側は残った目を拾い、ぐるぐる編みます。底が編めましたら糸を切り、側面は指定位置に糸をつけて編みます。甲は別に編み、底・側面と図のように合わせ、細編みで2枚一緒に編み、ボタンループを作ります。

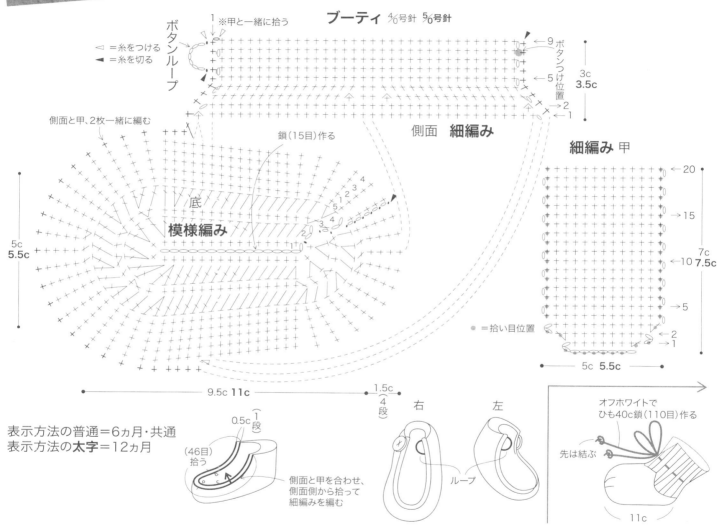

表示方法の普通＝6ヵ月・共通
表示方法の**太字**＝12ヵ月

9 58ページからの続き

●用意するもの
糸…並太コットンB ベージュ 130g／6玉。
付属品…20×25mmのボタン2個。
針…棒針5号、かぎ針5/0号。
●でき上がり寸法
胸囲58cm、背肩幅21cm、丈38cm。
●ゲージ
10cm平方でかのこ編み22目×36段。
●編み方ポイント

右前・うしろ・左前は続けて、裾から指でかける作り目をして編み始め、前端は増し目をします。前衿ぐりの減目から12段編みましたら、糸の続きで右前を編み、次にうしろ・左前と各々新たに糸をつけて編みます。まとめ 肩は中表に合わせて引き抜きはぎにし、袖ぐりは1目内側に引き抜き編みをして始末します。左前端にボタンループを作り、ひもを編みます。

11
page13
12ヵ月

●用意するもの
糸…ハマナカ ポーム ベビーカラー（並太タイプ）水色（95）20g／1玉、並太オーガニックコットンA 茶色5g／1玉。
針…かぎ針5/0号。
●でき上がり寸法
図参照
●編み方ポイント
底で鎖15目作り、鎖の半目と裏山を拾って編みます。反対側は残った目を拾い、ぐるぐる模様編みで4段編みます。側面は細編みにし、つま先側、かかと側の指定位置で細編み2目一度の減目をして6段まで編みます。次は茶色にかえ、細編み1目に引き抜き1目、鎖1目をくり返しますが、両脇2ヵ所ずつは細編みをとばして鎖1目にします。ポンポンは茶色で2個作り、つま先側の指定位置につけます。

※2の作品のブーティと同じデザイン

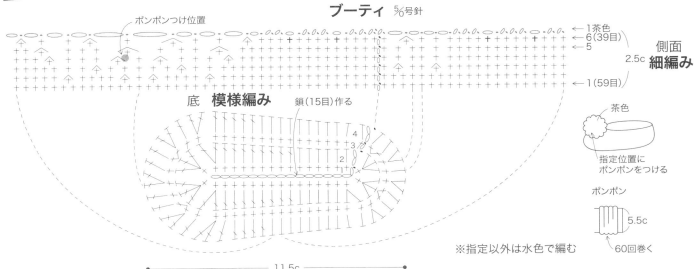

12
page13
12ヵ月

※1の作品のブーティと同じデザイン

●用意するもの
糸…並太コットンA ベージュ20g／1玉、オフホワイト10g／1玉。
針…棒針6号。
●でき上がり寸法
図参照

★編み方解説は41ページ参照

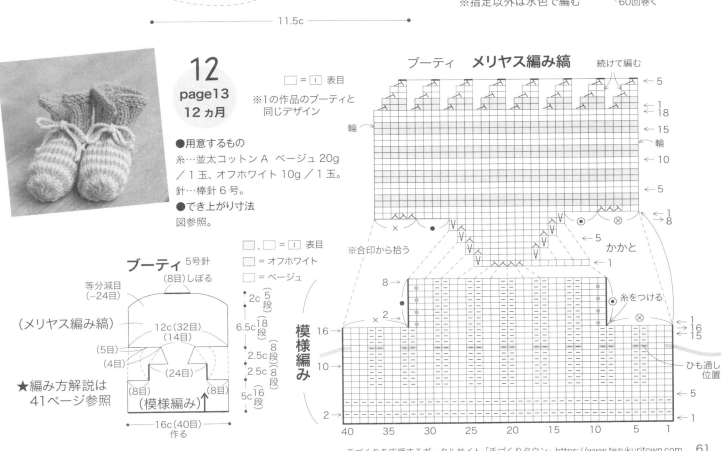

13
page14
6〜12ヵ月

●用意するもの
糸…並太コットンA オフホワイト140g／3玉、からし色10g／1玉。
針…棒針5号、かぎ針5/0号。
●でき上がり寸法
丈22cm、ゆき丈23cm。
●ゲージ
10cm平方でメリヤス編み23目×30段、模様編み28目×30段。
●編み方ポイント
裾から指でかける作り目をして編み始め、配置図を参照して編みます。肩は休み目にし、衿部分は続けて編み、編み終わりは表目は表目に、裏目は裏目に伏せ止めをします。うしろと前は同様に編みます。
まとめ 肩は中表に合わせて引き抜きはぎにします。両端は縁編みで始末し、ひもを通して仕上げます。

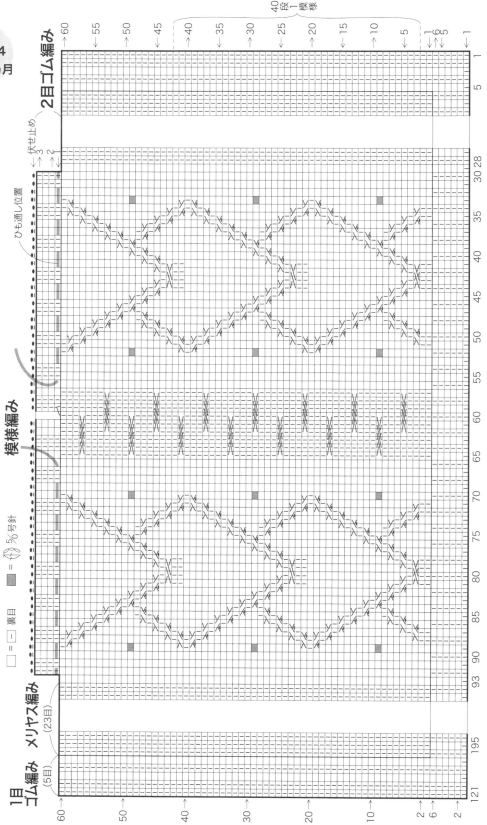

62

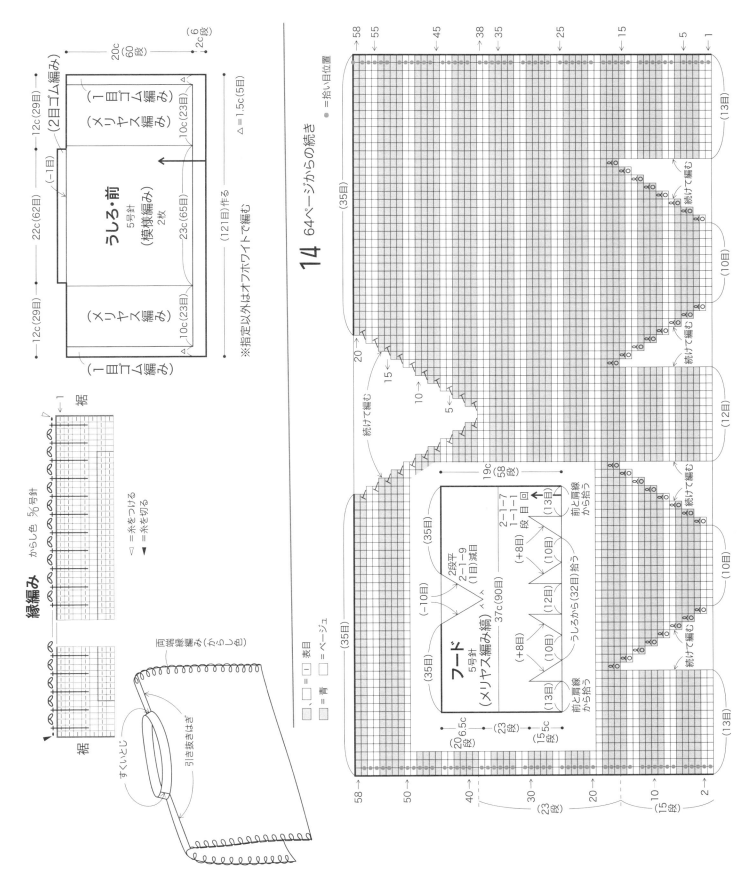

14
page15
6〜18ヵ月

●用意するもの
糸…ハマナカ フラックスK（並太タイプ）青(211)100g／4玉、ベージュ(13)90g／4玉。
付属品…直径6mmのスナップ2組。
針…棒針5号、かぎ針5/0号。
●でき上がり寸法
丈 30.5cm、ゆき丈 30.5cm。
●ゲージ
10cm平方でメリヤス編み縞 24目×30段。
●編み方ポイント

裾から指でかける作り目で50目作り、2段めからは中央48目の両脇の指定位置でかけ目、次段でねじり目をくり返して増し目していきます。うしろはそのまま82段まで編みます。前は54段まで編みましたら、左右に分けて編みます。まとめ 肩部分は中表に合わせて引き抜きはぎにし、フードは身頃から拾って編み、編み終わりは2本の棒針に移して中表に合わせ、肩と同要領ではぎます。前あき・フード顔回り、裾・袖口は拾い目して編み、仕上げます。

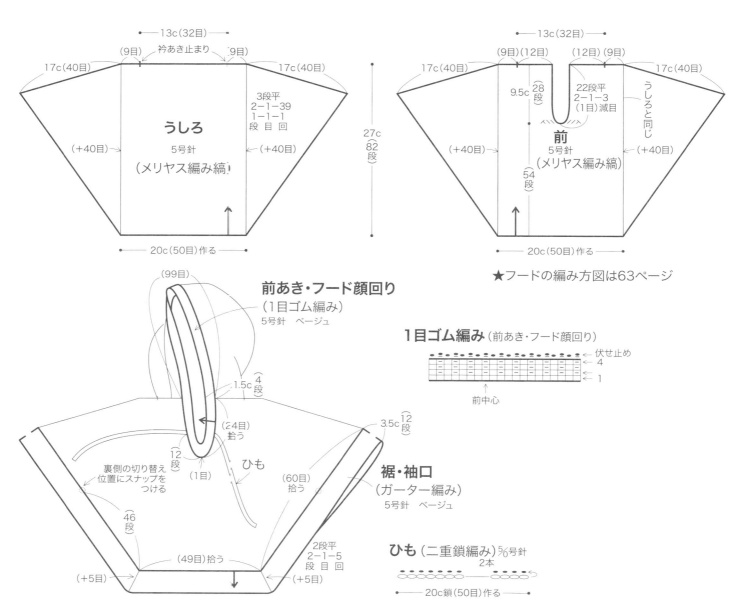

★フードの編み方図は63ページ

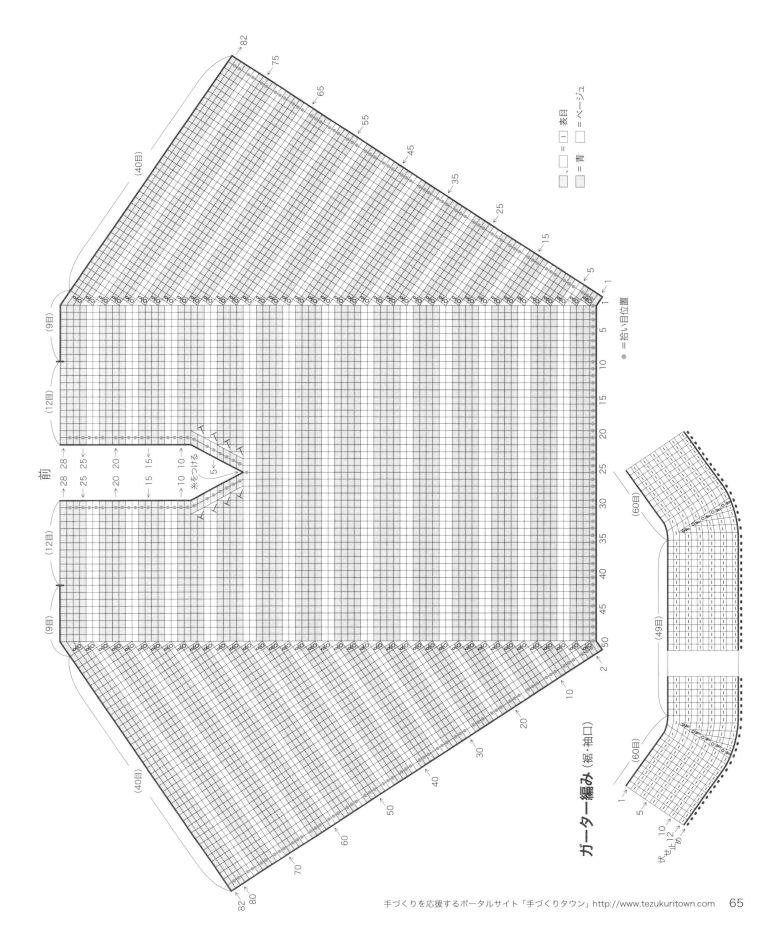

15, 16
page 16, 17
6・18ヵ月

●用意するもの
糸…ハマナカ フラックスK（並太タイプ）6ヵ月＝インディゴブルー（16）110g／5玉、白（11）20g／1玉、18ヵ月＝灰味茶（14）140g／6玉、白（11）25g／1玉。
付属品…直径15mmのボタン各4個、6mmのスナップボタン各5組。
針…棒針5号、かぎ針5/0号。

●でき上がり寸法
6ヵ月＝胸囲50cm、丈36.5cm、ゆき丈12.5cm。
18ヵ月＝胸囲54cm、丈42cm、ゆき丈13.5cm。

●ゲージ
10cm平方でメリヤス編み24目×30段。

●編み方ポイント
パンツの裾から指でかける作り目をして編み始めます。うしろは指定位置で減目をして続けて編み、前は左前に続けて先に編み、右前は中央15目は左前と同じ目を拾って編みます。まとめ　肩は引き抜きはぎ、脇はすくいとじにします。股下部分は脇を続けて拾って編み、股下の始末をします。セーラーカラー、ポケットは別に編み、セーラーカラーは衿ぐりにかがりつけ、ポケットは指定位置にまつりつけます。

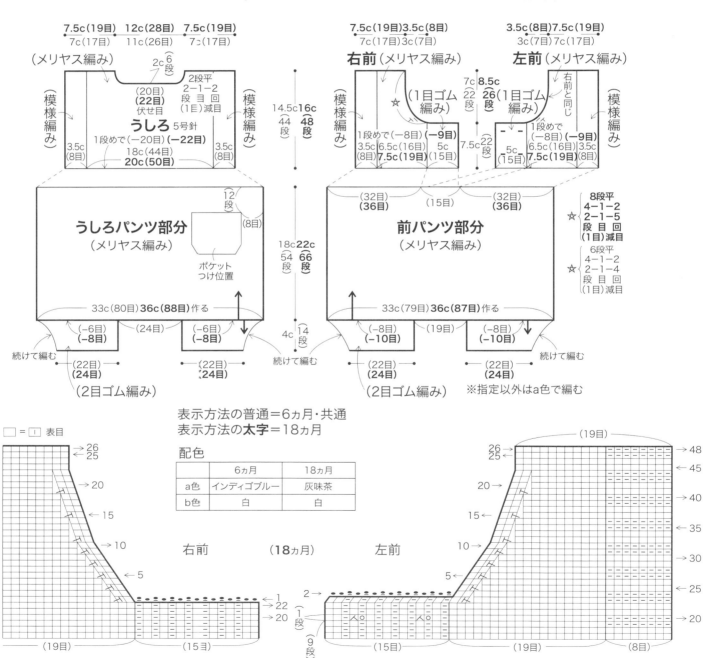

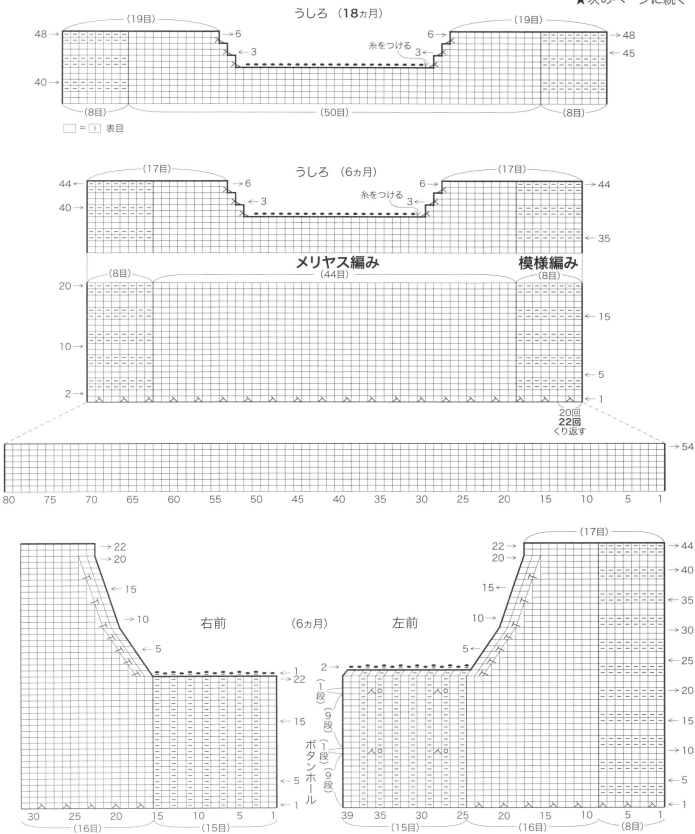

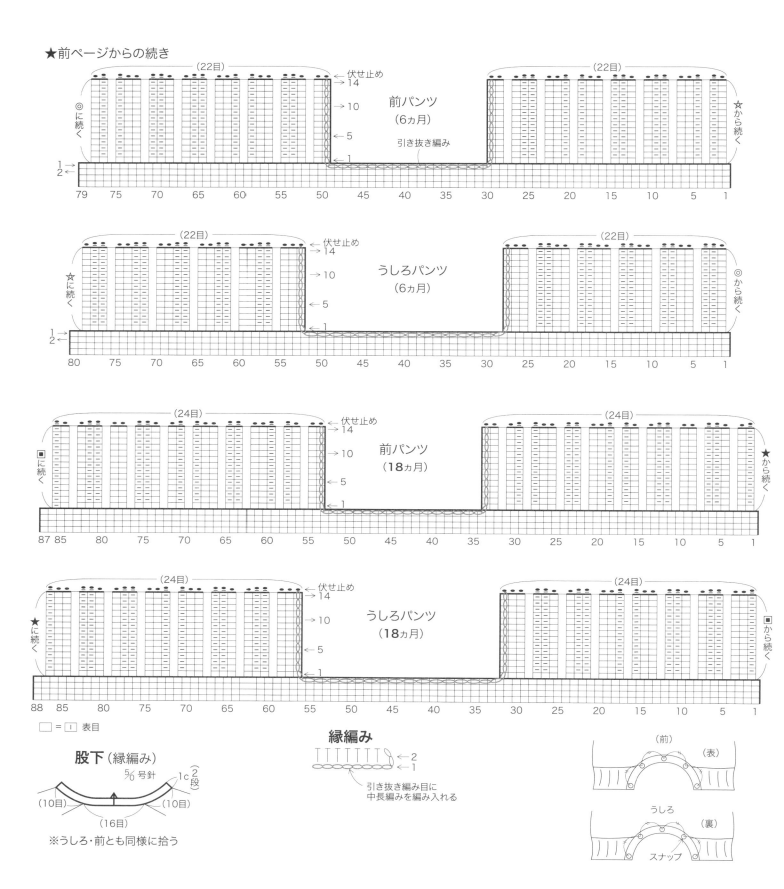

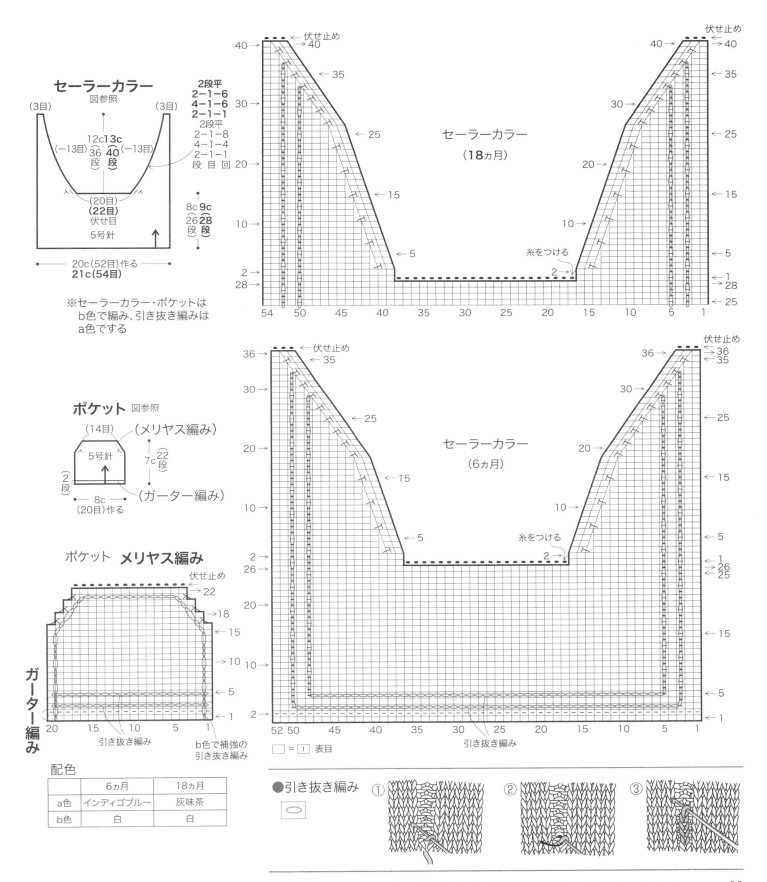

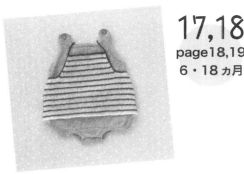

17,18
page18,19
6・18ヵ月

●用意するもの
糸…ハマナカ ロンパース 6ヵ月＝ポーム《無垢綿》スーピマ（並太タイプ）生成り（81）100g／4玉、18ヵ月＝ポーム《彩土染め》（並太タイプ）ライトグレー（45）120g／5玉、エプロン フラックスC（中細タイプ）6ヵ月＝白（1）25g、赤（103）15g／各1玉、18ヵ月＝白（1）30g／2玉、青（111）20g／1玉。
付属品…直径18mmのボタン各2個、9mmのスナップボタン各3組。
針…棒針5号、4号、かぎ針5/0号、4/0号。
●でき上がり寸法

ロンパース
6ヵ月＝胸囲54cm、背肩幅17cm、丈31.5cm。
18ヵ月＝胸囲58cm、背肩幅18cm、丈38cm。
●ゲージ
10cm平方でメリヤス編み 24目×31段、模様編み縞 27.5目×40段
●編み方ポイント
ロンパース　股切り替え位置から指でかける作り目をして編み始めます。股部分は指定位置から拾って編みます。エプロン　裾から同要領の作り目で編み始めます。模様編み縞は糸を切らずに渡して編みます。

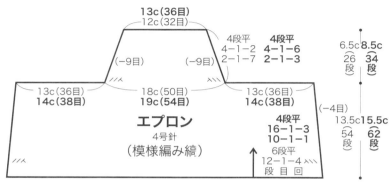

表示方法の普通＝6ヵ月・共通
表示方法の**太字**＝18ヵ月

配色

	6ヵ月	18ヵ月
a色	白	白
b色	赤	青

ロンパース
袖ぐり・衿（縁編み）5/0号針

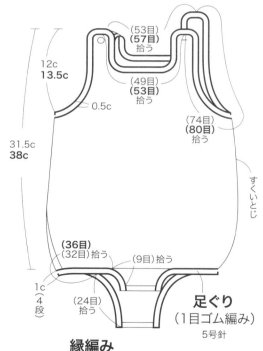

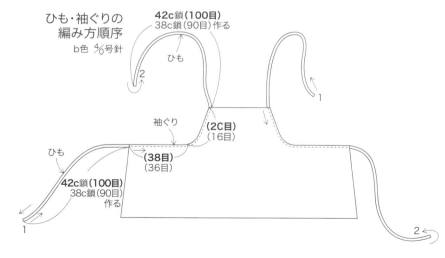

※1段めの細編みは引き抜き編みの目を割って、身頃のとじ代をくるむように拾って編む

★ロンパースの編み方は72ページ

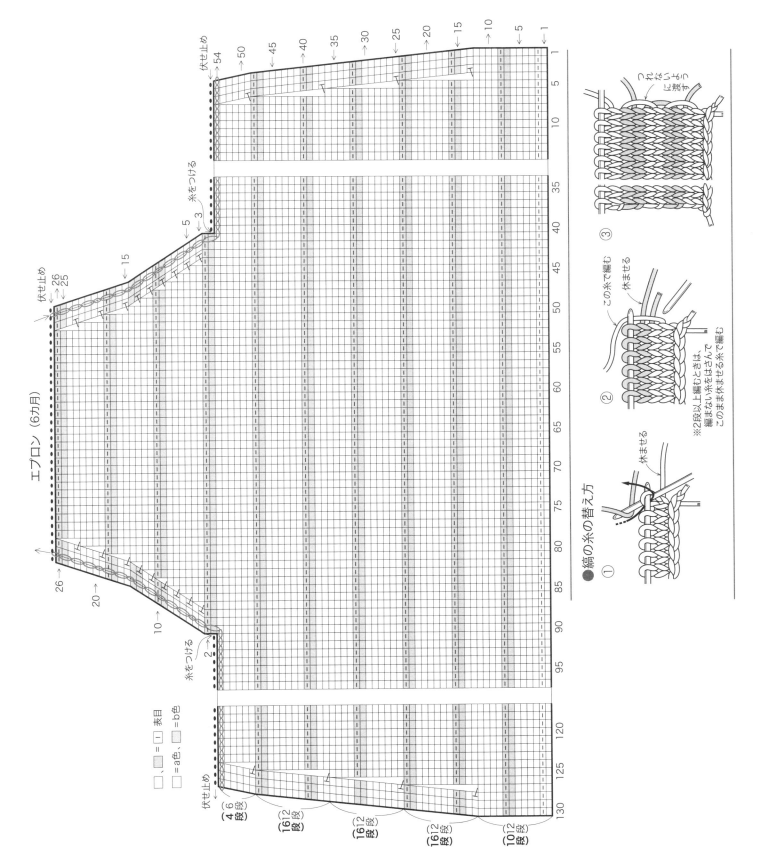

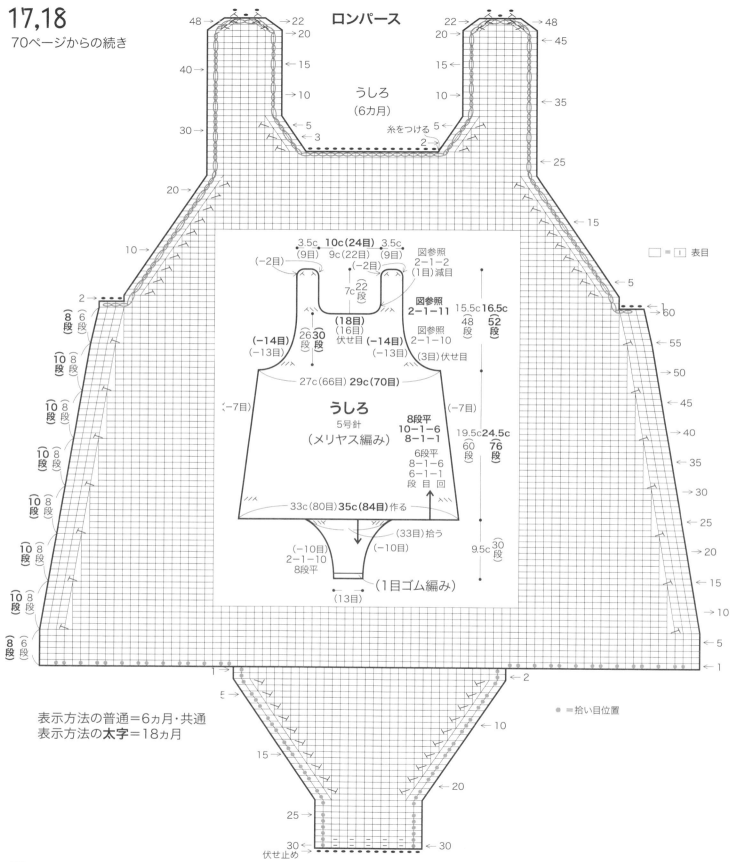

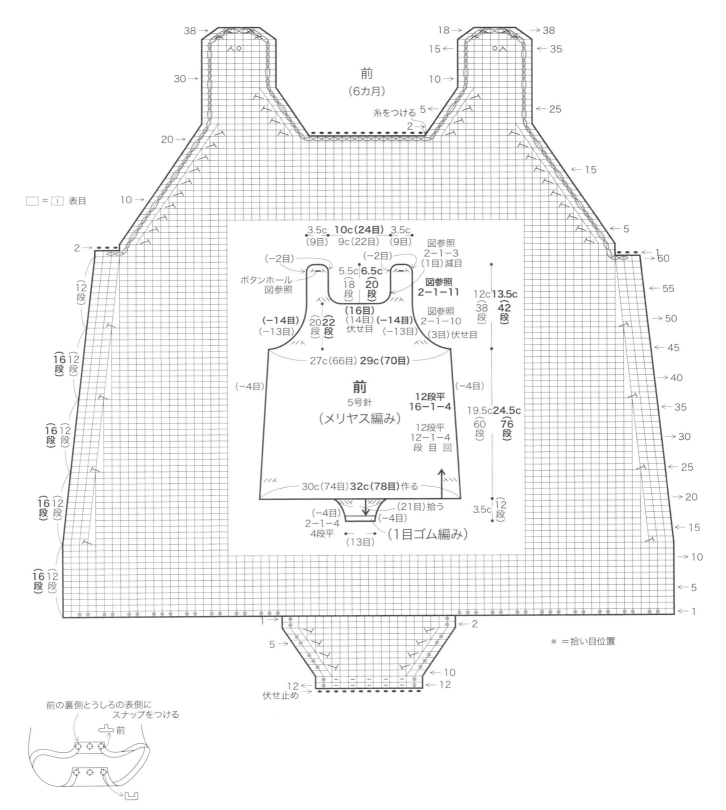

19, 20
page20
18・6ヵ月

●用意するもの
糸…並太コットンA 6ヵ月＝テラコッタ色70g／2玉、18ヵ月＝からし色90g／2玉。
付属品…9mm幅のゴム 6ヵ月＝37cm、18ヵ月＝41cm。
針…棒針5号。

●でき上がり寸法
6ヵ月＝胴囲36cm、丈25cm。
18ヵ月＝胴囲40cm、丈31cm。

●ゲージ
10cm平方でメリヤス編み23目×30段。

●編み方ポイント
ウエスト部分から指でかける作り目をして、輪にします。うしろの指定位置で、かけ目と次の段でねじり目をして増し目をしていきます。まとめ 股下部分は中表に合わせて引き抜きはぎ、足部分は針に残っている目と、股下から2目拾って輪に編みます。ウエスト部分は折り返してまつり、ゴムを通します。

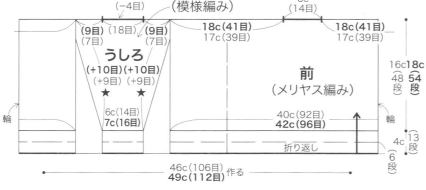

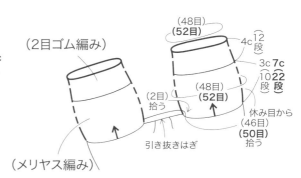

表示方法の普通＝6カ月・共通
表示方法の**太字**＝18カ月

●作り目を輪にするとき

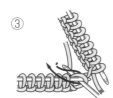

① 作り目を3本の針に分ける
4本棒針を用意します。作り目を3本の針に分けて輪にし、4本めの針を使って編んでいきます。

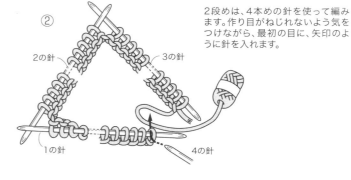

② 2段めは、4本めの針を使って編みます。作り目がねじれないよう気をつけながら、最初の目に、矢印のように針を入れます。

③ 続けて編み進みます。1の針を編み終えたら、1の針を使って2の針にかかっている目を拾って編み、針をかえながらぐるぐる編みます。

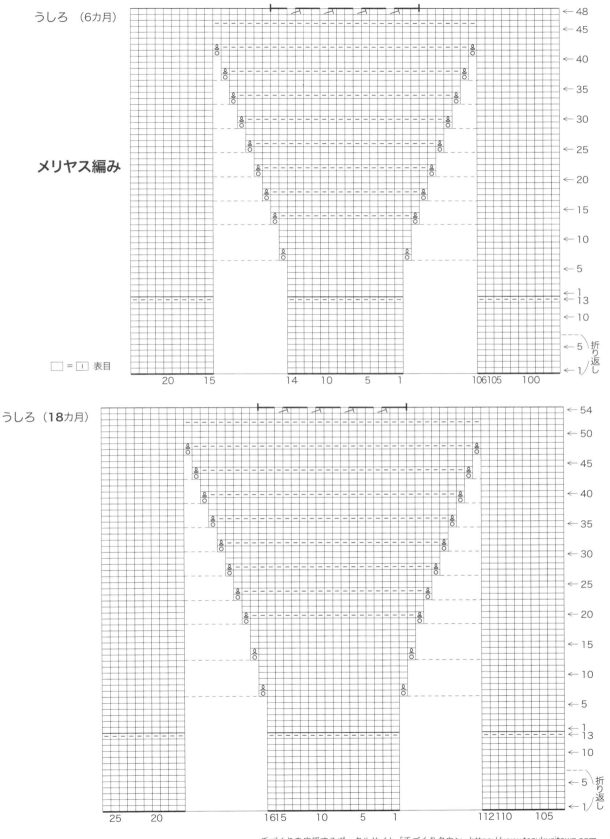

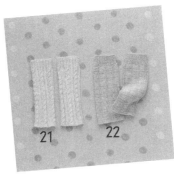

21,22 page21
18〜24ヵ月

●用意するもの
糸…合太コットン 21＝生成り60g／3玉、22＝シルバーグレー40g／2玉、ミントグリーン20g／1玉。
針…棒針4号、かぎ針4/0号。

●でき上がり寸法
図参照。

●編み方ポイント

21＝レッグウォーマー 指でかける作り目で編み始め、まっすぐ編みます。編み終わりは表目は表目に裏目は裏目に編んで伏せ止めをします。
22＝レッグウォーマー 同要領の作り目で編み始め、まっすぐ編みます。編み終わりましたら、指定位置に水色で引き抜き編みをします。
まとめ 21・22ともすくいとじで輪にします。

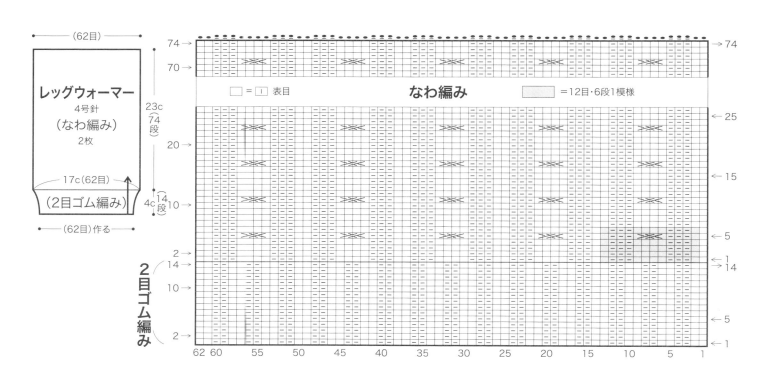

●左上2目交差

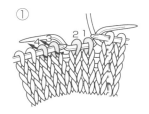
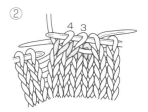
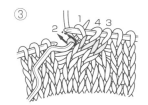
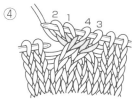

●伏せ止め（裏メリヤス編み）

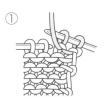

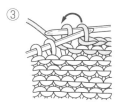

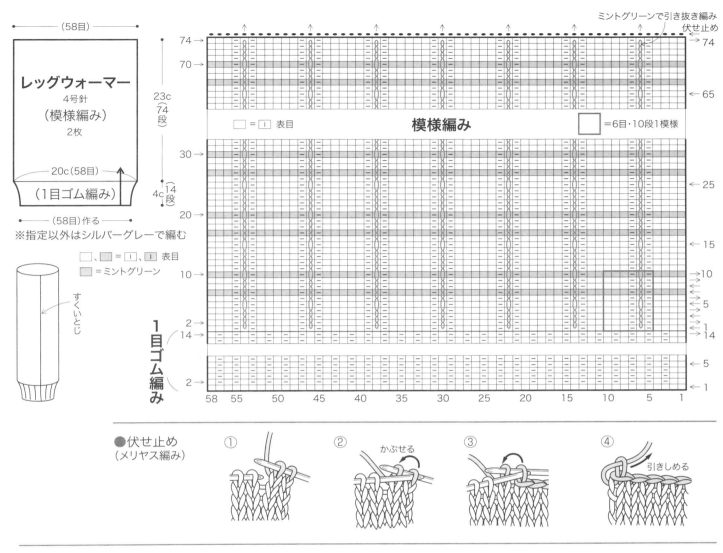

23 78からの続き

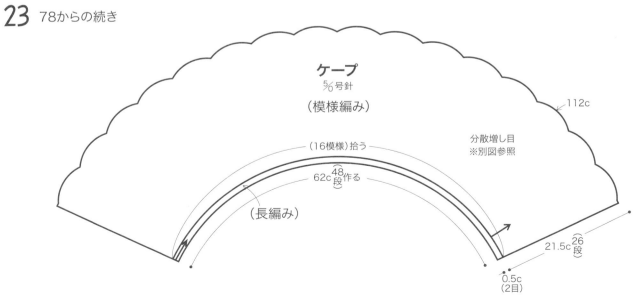

23
page22
12〜24ヵ月

● 用意するもの
糸…合太コットン ピンク 110g／5玉。
針…かぎ針 5/0 号。

● でき上がり寸法
裾回り 112cm、丈 21.5cm。

● ゲージ
模様編み 1 模様 7cm・10cm で 12 段（9 段めから）。

● 編み方ポイント
ネックから図を参照して編み始めます。模様編みは 8 段まで、1 模様で分散に増し目をして編み、9 段めからは 4 段のくり返しで 26 段まで増減なく編みます。ひもは図を参照して編み、ネックの指定位置に通します。

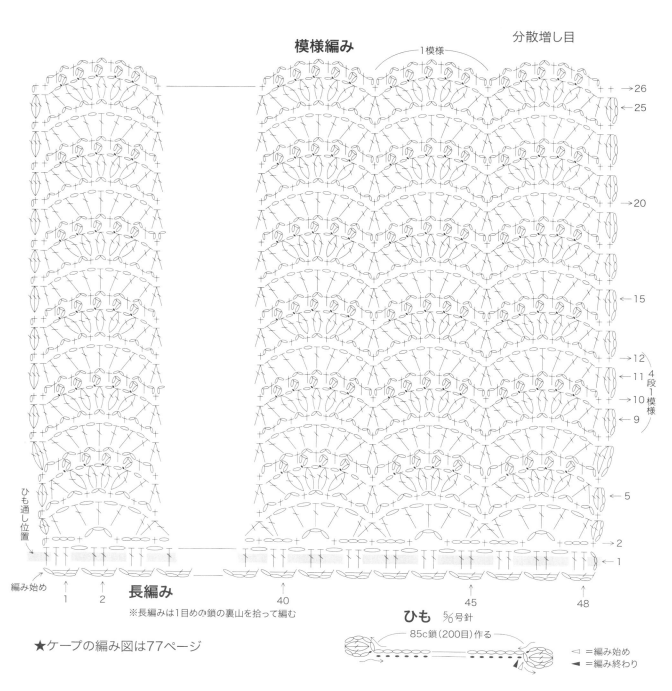

★ケープの編み図は77ページ

24
page23
12・24ヵ月

●用意するもの
糸…ハマナカ ポームコットンリネン（並太タイプ）白（201）12ヵ月＝30g・24ヵ月＝35g／各2玉。
針…棒針5号。

●でき上がり寸法
12ヵ月＝頭回り43cm、深さ16cm。
24ヵ月＝頭回り47cm、深さ19cm。

●編み方ポイント
かぶり口から指でかける作り目をして輪にして編みます。トップの減目位置まで編みましたら、4等分にして減目図を参照しながら輪に編みます。編み終わりましたら、糸端15cmくらい残して糸を切り、糸端をとじ針に通して残った目の中を通して糸端の始末をします。

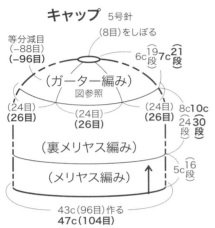

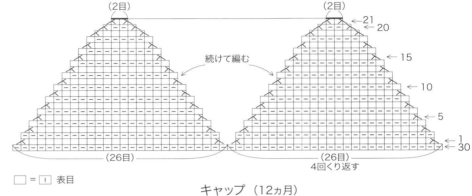

表示方法の普通＝12ヵ月・共通
表示方法の**太字**＝24ヵ月

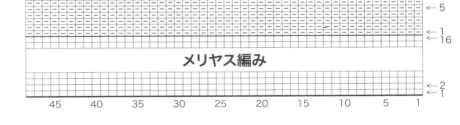

●鎖3目のピコット

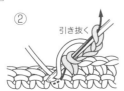
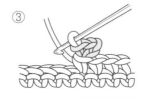

25
page23
12・24ヵ月

●用意するもの
糸…並太コットンB グレー 12ヵ月=35g・24ヵ月=40g／各2玉。
針…棒針5号、かぎ針5/0号。

●でき上がり寸法
12ヵ月=頭回り48cm、深さ16cm。
24ヵ月=頭回り50cm、深さ17.5cm。

●編み方ポイント
かぶり口から指でかける作り目をして2目ゴム編みで10段編みましたら、メリヤス編みにかえるとき、図を参照して等分に増し目をします。メリヤス編みで減目位置までまっすぐ編みましたら、図のように6等分にして減目をします。編み終わりましたら、糸端30～40cmくらい残して糸を切り、糸端をとじ針に通して残った目の中に通してしぼり、一度結んでから端をすくいとじにして糸端の始末をします。ブリムはかぎ針で別に編み、指定位置にまつり、ポンポンを作って指定位置につけます。

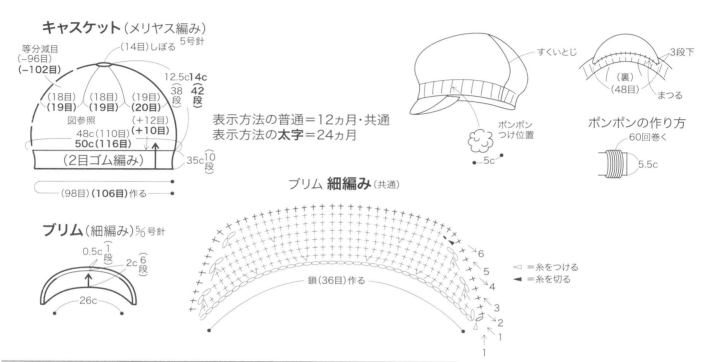

表示方法の普通=12ヵ月・共通
表示方法の太字=24ヵ月

●目のしぼり方

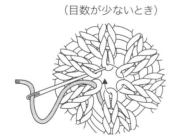

（目数が少ないとき）
前目に糸を通し、1回でしぼります。
※糸を通すときは目がねじれないように通し、とじ糸は裏側で結び、糸端を目の中に通し、もう一度結んでから糸を切ります。

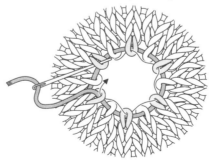

（目数が多いとき）
1目おきに糸を通し、2回に分けて通します。

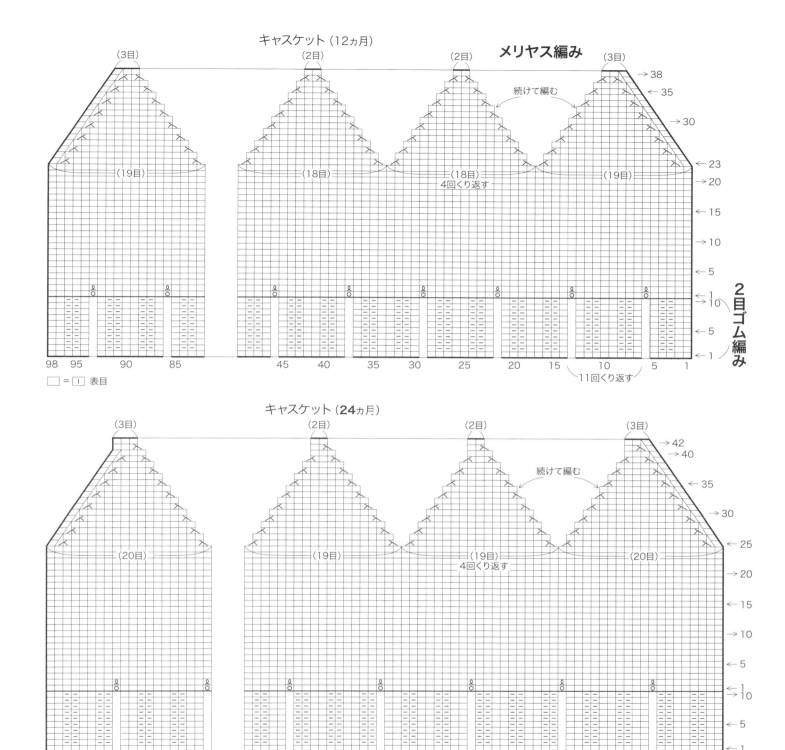

26
page23
12・24ヵ月

●用意するもの
糸…ダイヤモンド毛糸 タスマニアンベビー（合太タイプ）アイボリー（307）12ヵ月=35g・24ヵ月=40g／各1玉。

付属品…直径13mmのボタン2個。
針…かぎ針5/0号。

●でき上がり寸法
12ヵ月＝頭回り44cm、深さ13cm。
24ヵ月＝頭回り47cm、深さ15cm。

		24カ月
19	120目	
18	120目	
17	112目	
16	112目	
15	104目	
14	104目	
13	96目	
12	96目	
11	88目	
10	80目	
9	72目	
8	64目	
7	56目	
6	48目	
5	40目	
4	32目	
3	24目	
2	16目	
1段	8目	
わの作り目		

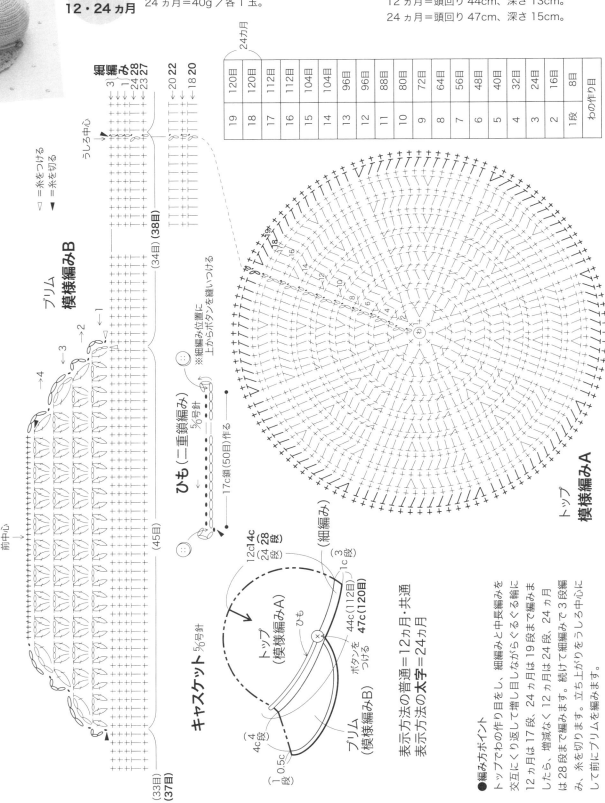

●編み方ポイント
トップでわの作り目をし、細編みと中長編みを交互にくり返しながら増し目をしながらぐるぐる輪に12ヵ月は17段、24ヵ月は19段まで編みます。増減なく12ヵ月は24段、24ヵ月は28段まで編みます。糸を切り、うしろ上がりを3段編みで細編みを編みうしろ中心にして前にブリムを編みます。

27, 28
page 24, 25
24・12ヵ月

●用意するもの
糸…並太ウールＡ　12ヵ月＝ラベンダー色 110g／3玉、24ヵ月＝ベージュ 120g／3玉。
付属品…直径 18mm のボタン各 3 個。
針…棒針 8 号、かぎ針 7/0 号。

●でき上がり寸法
12ヵ月＝胸囲 61.5cm、丈 31.5cm、ゆき丈 15cm。24ヵ月＝胸囲 61.5cm、丈 37.5cm ゆき丈 15cm。

●ゲージ
10cm 平方でメリヤス編み 19 目×27 段。

●編み方ポイント

裾から指でかける作り目をして編み始めます。袖口部分は模様編みにかえ、肩は休み目にします。前は対称に 2 枚編みます。まとめ　肩は中表に合わせて引き抜きはぎ、脇はすくいとじにします。前立て・衿は拾い目して編み、左前立てにはボタンホールを作ります。編み終わりは表目は表目に、裏目は裏目に編んで伏せ止めにします。ポケットは同要領の作り目をしてかのこ編みで 2 枚編み、三方の指定位置に引き抜き編みをし、指定位置にすくいとじの要領でつけます。

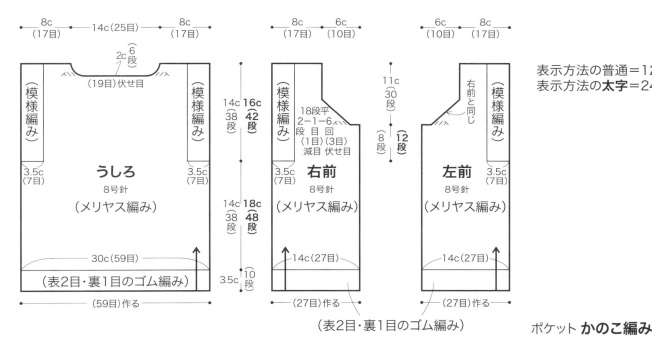

表示方法の普通＝12ヵ月・共通
表示方法の**太字**＝24ヵ月

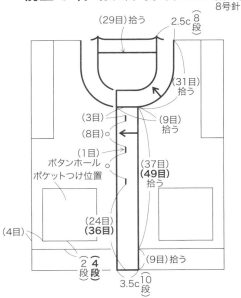

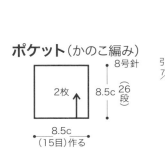

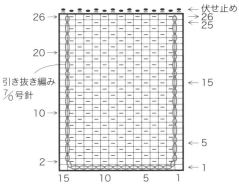

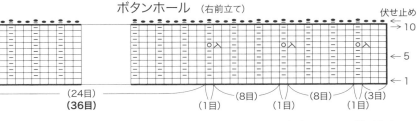

★次のページに続く

★前ページからの続き

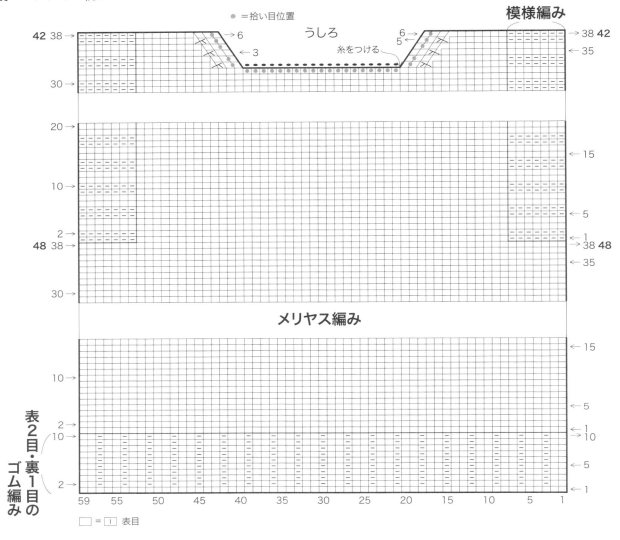

●引き抜きはぎ
編み地を中表に合わせます

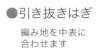 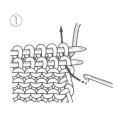  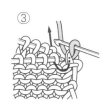 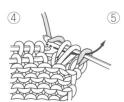

●すくいとじ

 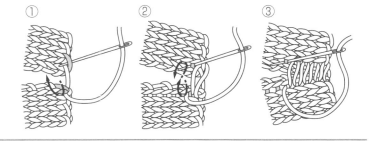

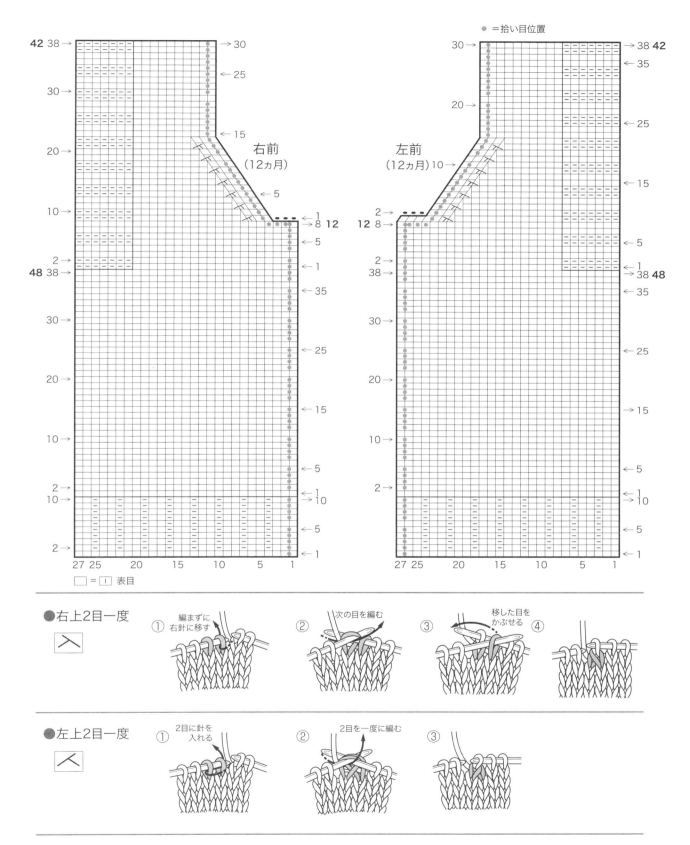

29, 30
page 26, 27
12・24ヵ月

●用意するもの
糸…合太ウール　12ヵ月＝ティーグリーン110g／3玉、24ヵ月＝テラコッタ色120g／3玉。
付属品…直径18mmのボタン各4個。
針…棒針5号。
●でき上がり寸法
12ヵ月＝胸囲61.5cm、背肩幅21cm、丈31.5cm。24ヵ月＝胸囲61.5cm、背肩幅21cm、丈37.5cm。

●ゲージ
10cm平方でメリヤス編み23目×30段、模様編みB30目×30.5段。
●編み方ポイント
右前・うしろ・左前を続けて、裾から指でかける作り目で234目作り、図を参照して12ヵ月は34段、24ヵ月は42段まではまっすぐ編み、次の段で等分に減目して212目にし、1段編み、

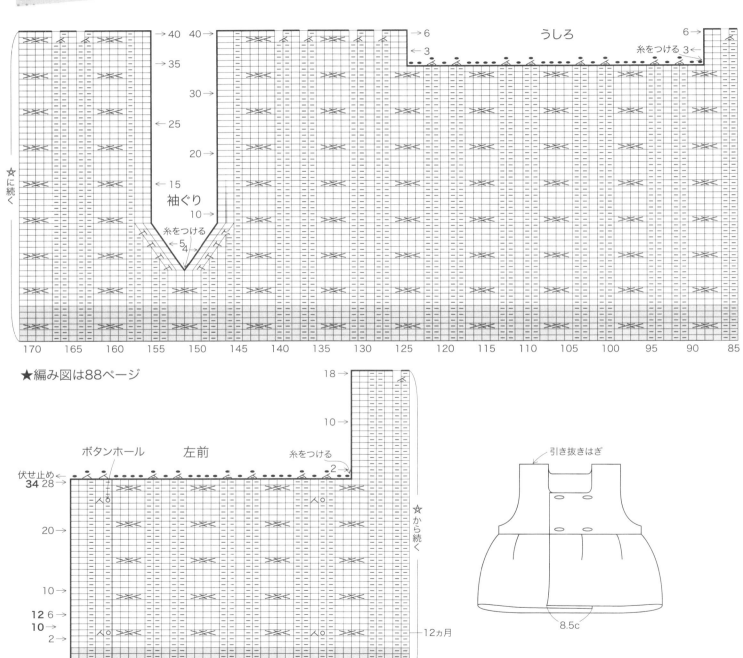

★編み図は88ページ

次に模様編みBにかえます。模様編みBの編み始めは、12ヵ月と24ヵ月で位置がかわります。袖ぐり位置からは3枚に分け、糸の続きで右前を先に編み、うしろ・左前は各々糸をつけて編みます。左前は指定位置にボタンホールを4個作ります。肩は休み目にしておきます。まとめ肩は中表に合わせて引き抜きはぎ、右前にボタンをつけます。

表示方法の普通＝12ヵ月・共通
表示方法の**太字**＝24ヵ月

▒ ＝は24ヵ月編み始め位置

★次のページに続く

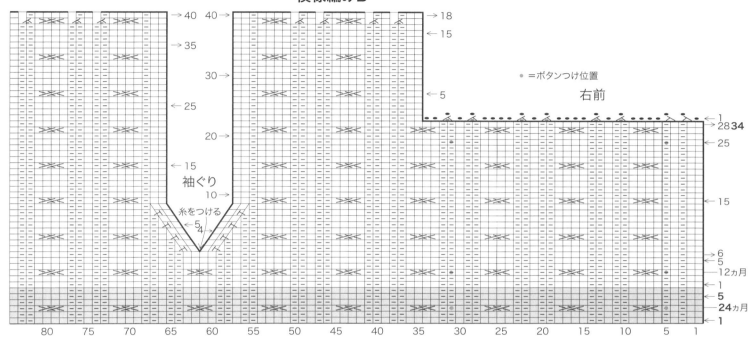

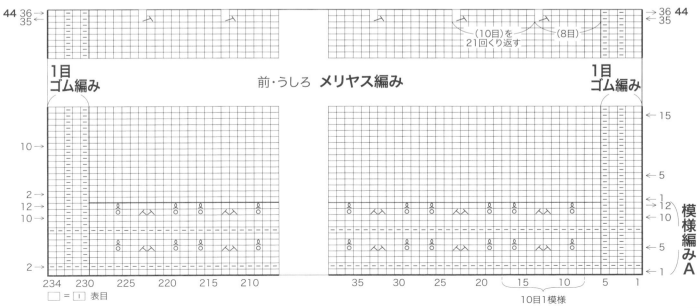

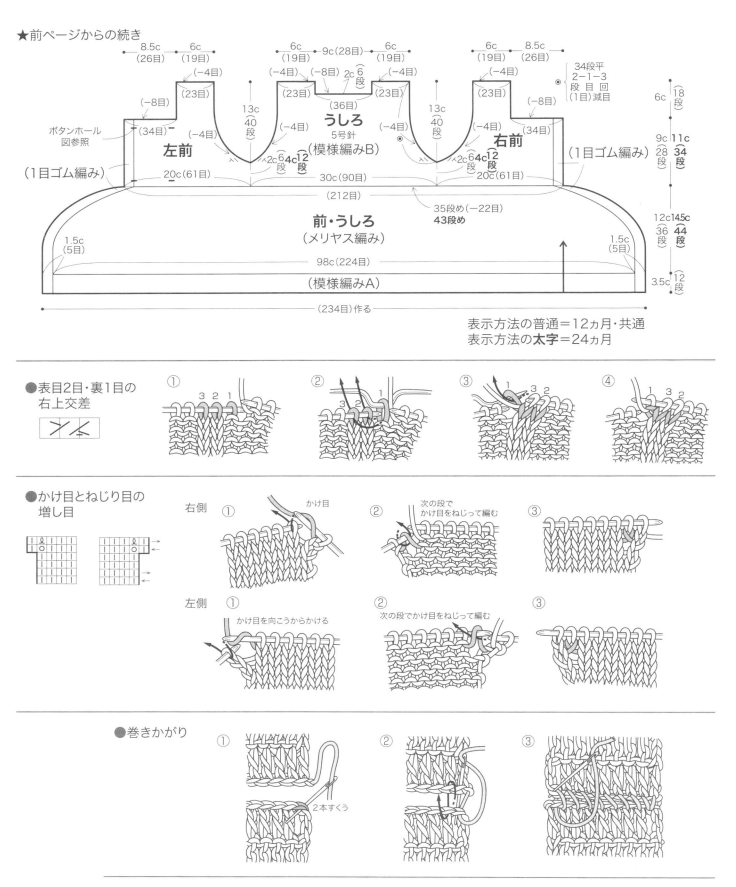

31,32
page28,29
12・24ヵ月

●用意するもの
糸…ハマナカ ポーム《彩土染め》(並太タイプ)
12ヵ月=ベージュ(42)160g／7玉、24ヵ月=サーモン色(43)190g／8玉。
針…棒針5号。
●でき上がり寸法
12ヵ月=胸囲61.5cm、ゆき丈15cm、丈31.5cm。24ヵ月=胸囲61.5cm、ゆき丈15cm、丈37.5cm。
●ゲージ
10cm平方で模様編み22目×30段。

●編み方ポイント
裾から指でかける作り目をして編み始め、ヨーク部分は続けて編み、肩は休み目にしておきます。前は左前にはボタンホールを作り、対称に2枚編みます。まとめ　肩は中表に合わせ、目を重ねながら引き抜きはぎにします。袖は身頃から拾ってまっすぐ編み、編み終わりは表目は表目に、裏目は裏目に編んで伏せ止めにします。脇・袖下はすくいとじにし、衿は前前・うしろ・左前と肩線から1目拾って編み、袖と同要領に伏せ止めし、作ったボタンをつけます。

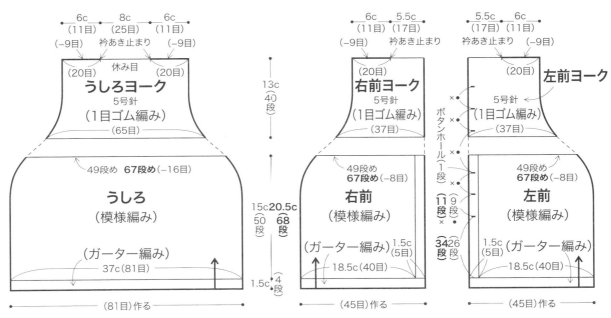

表示方法の普通=12カ月・共通
表示方法の**太字**=24カ月

★次のページに続く

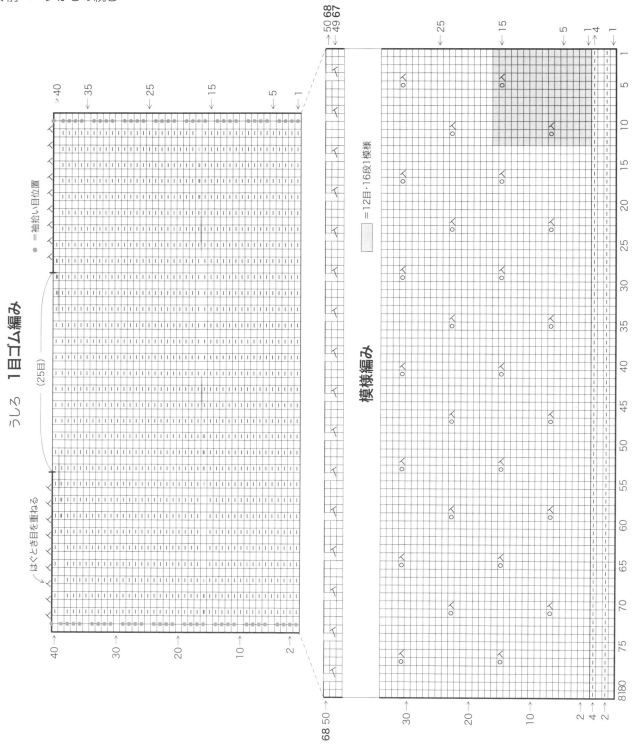

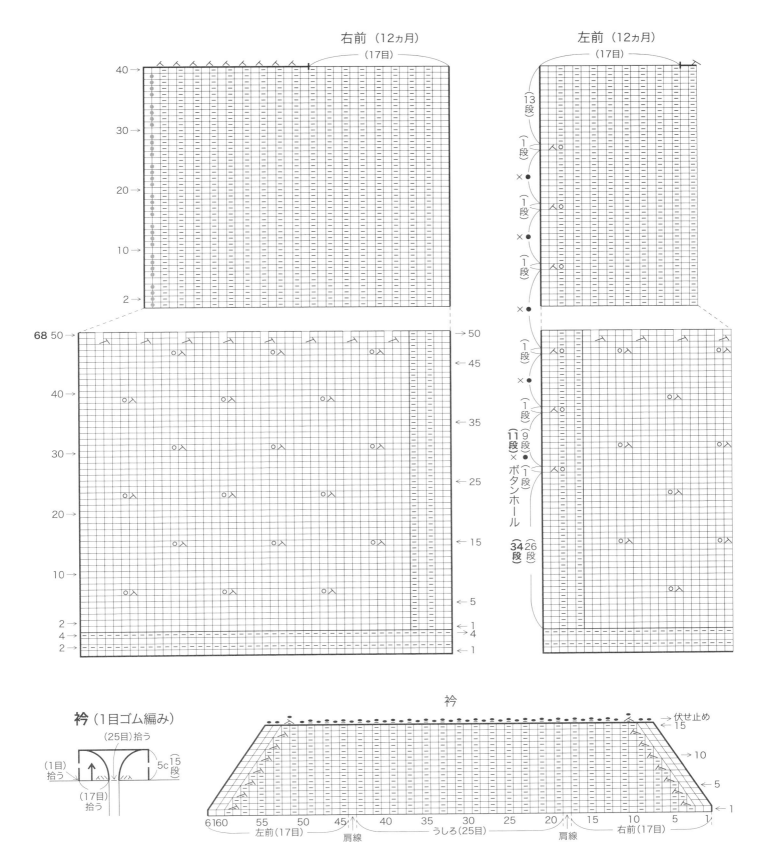

33, 34
page30, 31
12・24ヵ月

●用意するもの
糸…並太ウール B　12ヵ月＝サックスブルー 120g／3玉、茶色10g／1玉、24ヵ月＝プラム色140g／4玉、ベージュ10g／1玉。
付属品…直径18mmのボタン各8個。
針…棒針5号、かぎ針5/0号。

●でき上がり寸法
12ヵ月＝胸囲64cm、背肩幅22cm、丈30cm、袖丈20cm。24ヵ月＝胸囲64cm、背肩幅22cm、丈36cm、袖丈25cm。

●ゲージ
10cm平方でメリヤス編み21目×30段。

●編み方ポイント
裾から指でかける作り目をして編み始め、袖ぐりは交互に伏せ目の減目をし、肩は休み目にしておきます。前は左前にはボタンホールを作り、対称に2枚編みます。まとめ　肩は中表に合わせて引き抜きはぎにし、袖は身頃から拾って編みます。ひじパッチを編み、指定位置に図を参照してつけ、ステッチをします。脇・袖下はすくいとじにし、合印部分は目と段のはぎにします。衿は別に作り、衿ぐりにまつりつけます。

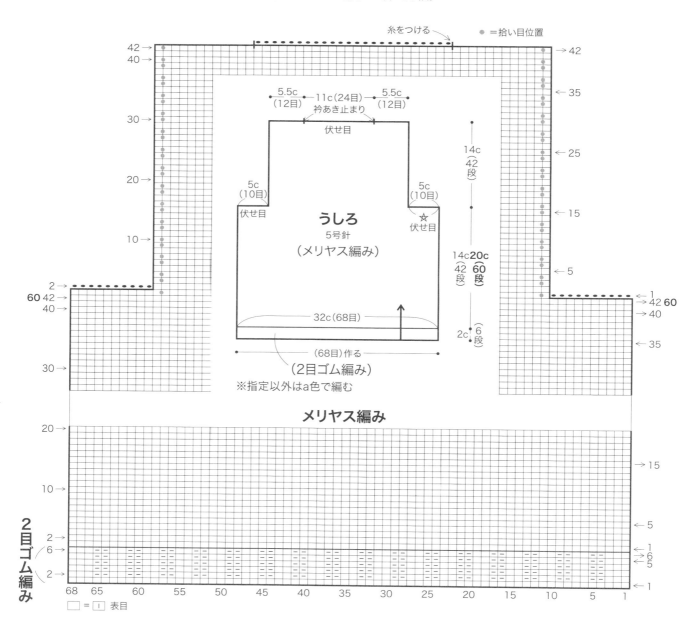

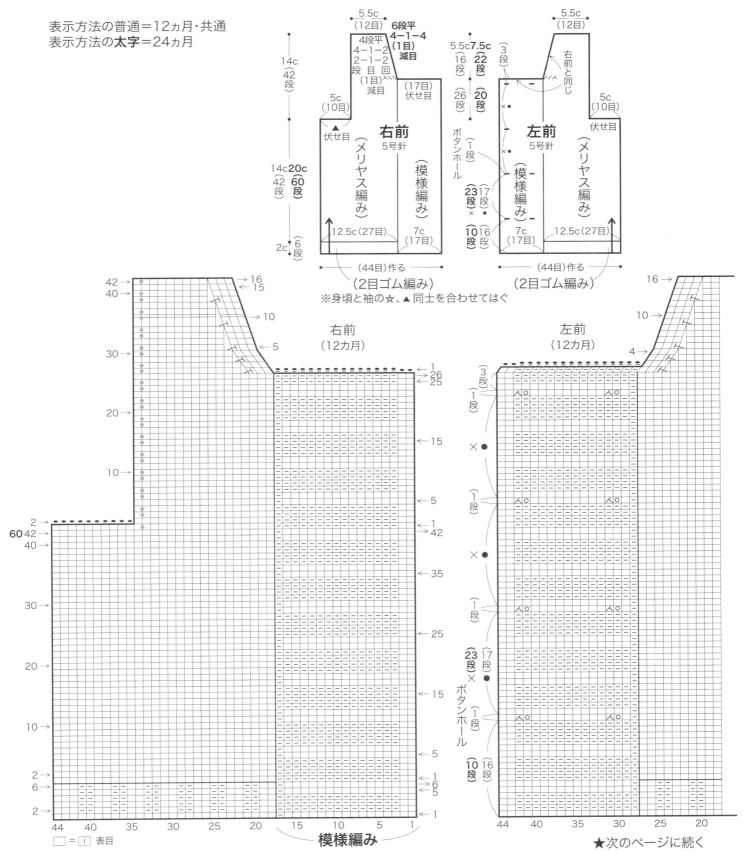

★前ページからの続き

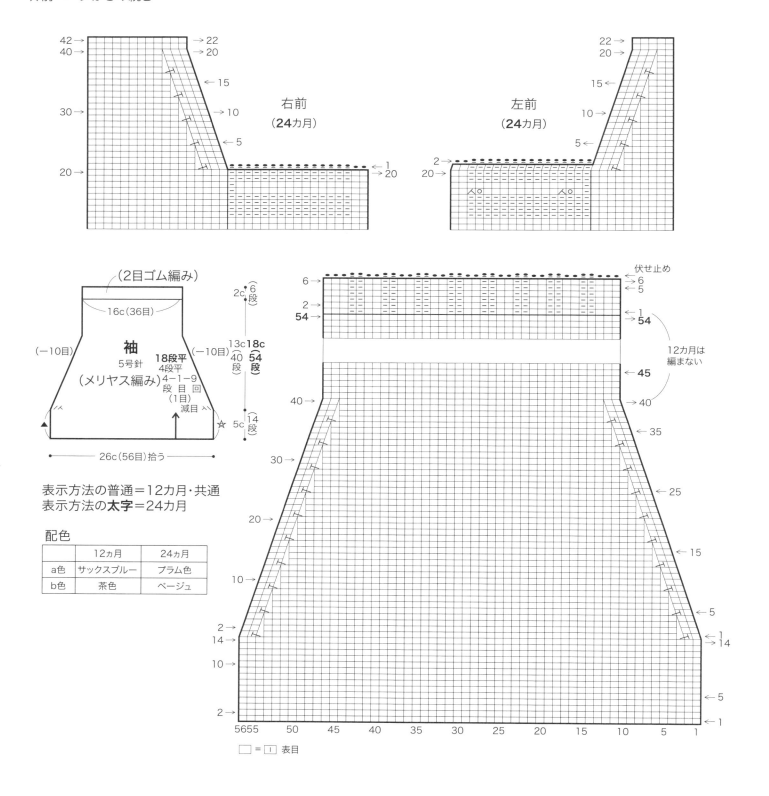

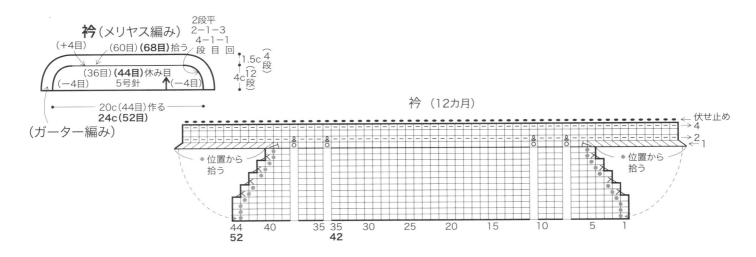

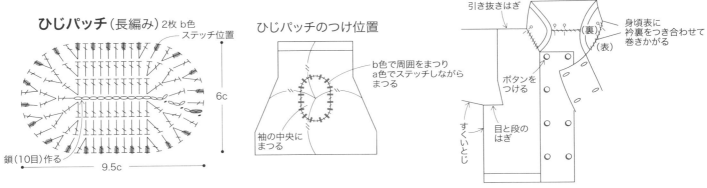

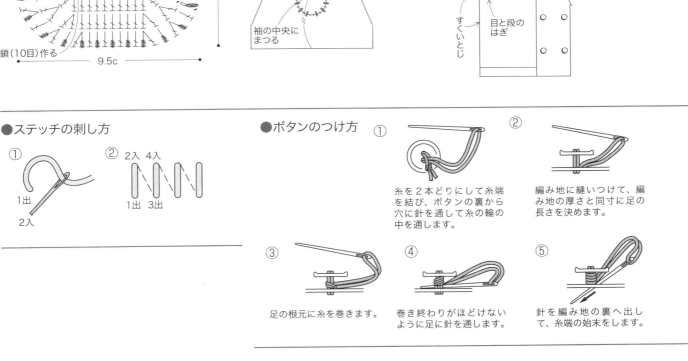

Profile

michiyo

アパレル・ニットの企画を経て、1998年、ベビー＆キッズのニットから作家活動を開始。甘くないシンプルな作風と、ユニークなデザインが人気。「手編みのベビーシューズ」「育てるニット　編んで、足して、あたらしい服」（文化出版局）ほか、著書多数。
Instagram:michiyo_amimono

＊作品製作
michiyo　飯島裕子　霜田節子　野波ゑみ子

＊Staff
撮影　　　　　山下恒夫　鈴木信雄（p.32）
スタイリング　絵内友美
ヘア・メイク　山田ナオミ
ブックデザイン　前川みどり（p1-95）
　　　　　　　三上祥子〈Vaa〉（カバー、表紙、奥付）
トレース　　　まつもとゆみこ
編集協力　　　大貫由紀子
編集　　　　　村上雅子　谷山亜紀子

＊モデル
オカ ミライ　11ヵ月
スガワラ リョウセイ　1歳3ヵ月
カナザワ レオン　1歳5ヵ月
エマ ロバーツ　1歳5ヵ月
ヒラヤマ クララ　1歳8ヵ月
ルーリング エミリ サクラ　2歳

〔 新装版 〕
ナチュラル素材で編む
一年中着られる赤ちゃんニット

発行日　2019年11月10日

著者　　michiyo
発行人　瀬戸信昭
編集人　今 ひろ子
発行所　株式会社日本ヴォーグ社
　　　　〒164-8705　東京都中野区弥生町5-6-11
　　　　TEL 03-3383-0628（販売）　03-3383-0637（編集）
　　　　出版受注センター　TEL 03-3383-0650
　　　　　　　　　　　　　　FAX 03-3383-0680
　　　　振替　00170-4-9877
印刷所　共同印刷株式会社

Printed in Japan ©michiyo 2019
NV70557　ISBN978-4-529-05945-9 C5077

● 印刷物のため、実際の色とは色調が異なる場合があります。
● 万一、乱丁本、落丁本がありましたら、お取り替えいたします。小社販売部までご連絡ください。
● 本誌に掲載する著作物の複写に関わる複製、上映、譲渡、公衆送信（送信可能化を含む）の各権利は株式会社 日本ヴォーグ社が管理の委託を受けています。
　＊ JCOPY 〈（社）出版者著作権管理機構 委託出版物〉
● 本書の無断複写は著作権法上での例外を除き禁じられています。複写される場合は、そのつど事前に、（社）出版者著作権管理機構（電話 03-5244-5088、FAX 03-5244-5089、e-mail: info@jcopy.or.jp）の許諾を得てください。

あなたに感謝しております
We are grateful.
手づくりの大好きなあなたが、
この本をお選びくださいましてありがとうございます。
内容の方はいかがでしたか？
本書が少しでもお役に立てば、こんなにうれしいことはありません。
日本ヴォーグ社では、手づくりを愛する方とのおつき合いを大切にし、
ご要望におこたえする商品、サービスの実現を常に目標としています。
小社及び出版物について、何かお気づきの点やご意見がございましたら、
何なりとお申し出ください。
そういうあなたに、私共は常に感謝しております。

株式会社日本ヴォーグ社 社長　瀬戸信昭
FAX 03-3383-0602

日本ヴォーグ社関連情報はこちら
（出版、通信販売、通信講座、スクール・レッスン）
https://www.tezukuritown.com/　手づくりタウン　検索